政法
中国与世界

"政法:中国与世界"丛书

主办单位 | 北京大学法治研究中心
　　　　　　重庆大学人文社科高等研究院

主　　编 | 甘　阳　赵晓力　强世功

编辑委员会 | 王绍光　香港中文大学政治与公共行政系
　　　　　　　甘　阳　中山大学人文高等研究院
　　　　　　　田　雷　重庆大学人文社科高等研究院
　　　　　　　刘　晗　清华大学法学院
　　　　　　　李放春　重庆大学人文社科高等研究院
　　　　　　　苏　力　北京大学法学院
　　　　　　　郑　戈　上海交通大学法学院
　　　　　　　陈端洪　北京大学法学院
　　　　　　　欧树军　中国人民大学国际关系学院政治学系
　　　　　　　徐　斌　中国社会科学院法学研究所
　　　　　　　凌　斌　北京大学法学院
　　　　　　　章永乐　北京大学法学院
　　　　　　　赵晓力　清华大学法学院
　　　　　　　强世功　北京大学法学院

DEMOCRACY AND SCIENCE
IN AMERICAN CONSTITUTION

美国宪法中的德先生与赛先生

丁晓东 ◎ 著

北京大学出版社
PEKING UNIVERSITY PRESS

图书在版编目(CIP)数据

美国宪法中的德先生与赛先生/丁晓东著.—北京：北京大学出版社，2016.7

（政法：中国与世界）

ISBN 978-7-301-27196-4

Ⅰ.①美… Ⅱ.①丁… Ⅲ.①宪法—研究—美国 Ⅳ.①D971.21

中国版本图书馆 CIP 数据核字(2016)第 122635 号

书　　　名	美国宪法中的德先生与赛先生 Meiguo Xianfa zhong de Dexiansheng yu Saixiansheng
著作责任者	丁晓东　著
责 任 编 辑	白丽丽
标 准 书 号	ISBN 978-7-301-27196-4
出 版 发 行	北京大学出版社
地　　　址	北京市海淀区成府路 205 号　100871
网　　　址	http://www.pup.cn
电 子 信 箱	law@pup.pku.edu.cn
新 浪 微 博	@北京大学出版社　@北大出版社法律图书
电　　　话	邮购部 62752015　发行部 62750672　编辑部 62752027
印 刷 者	三河市北燕印装有限公司
经 销 者	新华书店
	965 毫米×1300 毫米　16 开本　12.5 印张　129 千字 2016 年 7 月第 1 版　2016 年 7 月第 1 次印刷
定　　　价	36.00 元

未经许可，不得以任何方式复制或抄袭本书之部分或全部内容。
版权所有，侵权必究
举报电话：010-62752024　电子信箱：fd@pup.pku.edu.cn
图书如有印装质量问题，请与出版部联系，电话：010-62756370

总　　序

　　自古以来,中国人就以"修身齐家治国平天下"作为最高政治理想。中国人始终致力于建构一整套文明秩序来囊括和整合不同的地理空间和社会风俗,由此形成一套独特的政教体系。革故鼎新,生生不息,天下一家,万物一体。这一切始终构成中国文明的精神,体现了中国人的核心价值观。由此,中国文明的生成演化过程体现出不断扩张、不断吸收和不断上升的过程。用今天时髦的话来说,这个过程也就是不断推动走向全球化、一体化的过程。商周帝国的视野差不多囊括了整个东亚地区,从秦汉以来的丝绸之路到宋代以来南洋贸易圈的逐渐形成,直至明清朝贡贸易体系卷入全球贸易体系中,中国始终是全球化的积极推动者、参与者和建设者。由是观之,辛亥革命以来中国不断探索国家治理体系和治理能力现代化,到今天"一带一路"建设和积极参与全球治理,都是中国文明在推动全球化的历史进程中不断自我更新、自我发展、自我提升的内在环节。

在这样的历史时空中,我们不可避免要面对过去五百年来中国文明秩序和西方文明秩序在共同推动全球化过程中相互接触、沟通、学习、冲突、战争、征服和更新的历史。就政治而言,这可以看做是西方威斯特伐利亚体系和中国天下体系之间的冲突,这无疑是两种普适主义的文明秩序之间的冲突。从目前流行的西方中心主义的历史叙述来看,这一冲突过程被描述为西方文明的普适主义不断扩张,将中国天下体系及其背后的文明秩序降格为一种作为文化传统的"地方性知识",将中国从一个文明秩序改造为威斯特伐利亚体系所要求的民族国家,从而纳入西方文明秩序中,以完成普适主义进程的历史终结。这个过程也就是我们通常所说的现代化过程,即中国人必须抛弃中国古典天下秩序的文明构想,系统接受西方文明秩序中形成的资本主义经济秩序和民族国家体系的政治秩序,以及由此形成的市场经济、自由人权、民主法治等普适价值,并按照这些普适价值来系统地改造中国。

从这个角度看问题,全球化的历史很容易被理解为西方文明的扩张史。对中国而言,这样的现代化无不打上西方化的烙印,从器物技术、法律制度到政教体系莫不如此。因此,法律移植、法律现代化很容易在"冲击—回应"的框架下沦为西方中心主义的意识形态教条。而与此同时,基于法律地方性想象的"本土资源"论说也不过在相反的方向上与西方中心主义的法律全球化叙述构成合谋,以至于法学界虽然一直为"刀制"("法制")与"水治"("法治")的区分争论不休,但不可否认二者似乎分享了对法律的规则化、技术化和中立化的普遍理解。法律主义(legalism)的技术化思路正随着法律共同体的成长在思想意识形态领域日益获得其普遍的正当性,并逐渐渗透到政治和文化思想领域,从而侵蚀着政治和文化思想领域的独立性和自主性。以至于中国文明除了放弃自身的历史传统和价值追求，按照所谓西方普适价值的要求与西方"接轨"之外，不可能有任何正当的前途。

这种西方中心主义背景下的"普适价值论"和"接轨论"不仅造成了对中国文明传统的漠视，而且包含了对西方文明传统的简单化误解。为此，我们必须区分作为过去五百多年真实历史中的"全球化进程"与冷战结束后作为意识形态宣传的"全球化理念"。如果用西方政治哲学中的基调来概括，前者乃是主人的世界，即全球不同文明秩序相互碰撞、相互搏斗、相互征服、相互学习、相互形塑的过程，这构成了全球历史活生生的、动态的政治进程，而后者则是末人的世界，即试图以技术化、中立化因而普遍化的面目出现，试图将西方文明要求变成一项普遍主义的正当性要求，以历史终结的态度拒绝回应当下的历史进程，拒绝思考人类文明未来发展的任何可能性。

由此，全球化在今天展现出前所未有的内在矛盾：一方面全球化正以生机勃勃的历史面貌展现出来，特别是全球秩序因为技术革命、阶级冲突、政治冲突到文明冲突释放出新的活力，激发了每个文明来构思全球秩序的活力；而另一方面，西方启蒙运动以来形成的普适主义叙事已变成历史终结论的教条，窒息着对全球化进程和人类文明未来的思考。由此，西方启蒙思想正在滋生一种新的迷信，也就是对西方文明秩序中普遍主义叙述的迷信。这不仅无法面对全球化带来的挑战，而且丧失了探索重构全球文明秩序、追求更好生活方式的动力，以至于我们似乎进入了一个追求表面浮华但内心空空荡荡的时代，一个看似自由独立却身陷全球资本主义秩序不能自已、无力自拔的时代。

"启蒙就是从迷信中解放出来"。启蒙运动曾经勇敢地把欧洲人从中世纪基督教神学构想的普适价值和普遍秩序的迷信中解放出来,从而塑造了西方现代文明。而今天能否从西方中心主义的迷信中解放出来,从法律主义的迷信中解放出来,从对法律的技术化理解中解放出来,则意味着我们在全球化陷入经济危机、债务危机、福利社会危机和政治危机的时刻,在西方文明塑造的世界体系因文明冲突和地缘冲突趋于崩塌之际,在西方文明不断引发虚无主义阵痛的时刻,能否重新思考人类文明的未来,重建天下文明秩序。

政教秩序乃是文明秩序的核心。在现代西方文明秩序中,法律乃是建构政教秩序的重要工具。法律不仅建构了国家秩序,而且建构社会生活秩序,由此产生与其相匹配的价值体系。然而,在现代法律高度发达所推动专业化和技术化的过程中,滋生出一种"法律主义"倾向,以为通过法律主义的技术化思路可以解决一切社会问题,甚至试图用法律来解决政治问题和文化价值问题。由此,不少法律学人开始弃"政法"而张"法政",陷入法律规则不断自我繁殖、法律人不断膨胀扩张、制度沦为空转的"恶循环"之中。这恰恰是西方现代文明试图通过技术化手段来推动西方文明普适主义扩张的产物。

"法令滋章,盗贼多有"。试图用法律技术来解决社会问题等于砍"九头蛇"的脑袋。中西古典文明的伟大哲人很早就对"法律主义"提出了警告。我们对法律的理解需要反思技术化的"法律主义",反思西方普适主义的法治理念,反思西方文明秩序中理解普适主义的路径。这意味着我们不是把法律从政教秩序中抽离出来进行简单的技术化思考,而应当恢复法律的本来面目,将其作为构建社会关系和安排政治秩序的有机纽带而重新安置在政教秩序和全球文明秩序中。法律需要扎根于政治社会文化生活中,扎根于心灵秩序中,成为政教秩序的一部分,成为人们生活方式的一部分。这意味着我们需要重新思考中国古老的礼法传统和现代的政法传统,中国文明如此,西方文明亦如此。无论礼法,还是政法,这些概念可能来自中国的,而其意义恰恰是普适的。柏拉图和亚里士多德无疑是西方礼法传统的典范,而现代政法传统原本就是西方启蒙思想家开创的。

"法是由事物的性质产生出来的必然关系"。以政法的眼光来思考法律问题,恰恰是恢复到"法"的本来意涵。"天命之谓性,率性之谓道,修道之谓教"。"命—性—道—教"的广大世界必然有其内在的"法",而法律不过是对其内在法则的记载,只有重返这个广大世界中才能真正找回它本源的活力。这不仅是政法学人的治学路径,也是思考中国文明秩序和重构全球文明秩序的必经之途。唯有对西方政法传统有深刻的理解,才能对中国文明秩序的正当性有更深切的体会,而唯有对中国礼法传统有真正的理解,才能对当代西方文明秩序陷入困境有更真切的同情。一个成熟的文明秩序就在于能够在"命—性—道—教"的世界中将一套完整普遍的最高理想落实在具体的政教制度、器物技术、日常伦理和生活实践之中。

然而,在全球化历史进程中,当代中国文明由于受到西方文明的冲击,不仅在价值理想上存在着内在的紧张和冲突,而且在制度、器物、风俗、生活层面都呈现出"拼盘"特征,虽然丰富多彩但缺乏有机整合。我们不断引进西方各国的"先进制度",但由于相互不配套,以及与中国社会的张力,其日常运作充满了矛盾、摩擦和不协调,因为每一种技术、制度原本就镶嵌在不同的政教体系和文明秩序中。如果说,近代以来我们在不断"拿来"西方政教法律制度,那么在今后相当长的时间里,我们面临着如何系统地"消化"这些制度进行组装,逐渐把这些西方文明中的有益要素吸收在中国文明有机体中,生长出新的文明秩序的问题。这就意味着我们必须直面全球化,重新以中国文明的天下视角来思考全球秩序,将西方文明所提供的普遍主义吸纳到中国文明对全球秩序的思考和建构中。

全球秩序正处于动荡中。从过往西方中心主义的视角看,全球秩序发展距离"历史终结"似乎只有一步之遥,目前已进入了"最后的斗争"。然而,从中国文明的漫长发展的历史进程看,过去一百多年来的动荡不安不过是中国文明在全球化进程中自我更新的一个插曲。"风物长宜放眼量",对当下西方文明的认识无疑要放在整个西方文明的漫长历史中,而对中国文明未来的理解则更需要放在整个人类文明的历史中来进行。"旧邦新命"的展开,无疑需要中国的政法学人持续推进贯通古今中西的工作。我们编辑出版"政法:中国与世界"文丛,无疑希望在此伟业中尽微薄之力:鼓励原创思考、精译域外学术、整理政法"国故"、建构研讨平台,将学人的思想火花凝聚成可代代传递的文明火把。

是为序。

丛书编委会
2016年5月

目　录

导言　美国宪法中的德先生与赛先生　　　　　　　　　001

第一章　德先生与赛先生
　　——美国宪法中的意志与理性　　　　　　　　　007

　　美国制宪者们将美国宪法视为建立在自然权利基石上的实证宪法。这种宪法观既不同于传统自然法理论中的那种宣布或复制高级法的概念，也不同于卢梭式的人民主权理论下的宪法。在政治哲学的层面，它否定了寻找超验自然法的可能，提倡设计一种建立在德先生基础上的人为宪法；但在政治科学的层面，它又强调理性的引导，试图通过宪法这一工具为不受限制的意志设置过滤器和催化剂，过滤非理性的意志，催化理性的意志。美国的制宪者们试图寻找美国宪法中的平衡与和谐：以赛先生引导德先生，同时要求赛先生接受德先生的检验，最终以德先生作为正当性的渊源。

第二章　宪法文化与宪法变迁
——辩证视野下的民主政治与宪法解释　035

正统的宪法理论告诉我们，宪法的作用在于约束政治，只要宪法没有被修改，政治就应当在宪法之下运行。在这一正统的宪法理论之下，人民参与和影响宪法的唯一时机和方式在于修宪。但对宪法文化的研究告诉我们，这种简单机械的宪法理论并不足以解释宪法运行的现实。通过对美国宪法的历史与社会分析，可以发现美国人民不仅仅在制宪时刻改变和影响宪法，而且在日常政治中也同样时时刻刻地影响着宪法或宪法解释。通过宪法文化这一媒介，人民可以通过德先生（民主政治）而影响宪法，另一方面，宪法也可以通过法院的赛先生（科学理性）而规训或引领人民。

第三章　宪法权利与审判独立
——宪法实践中的民主政治与权利保护　064

正统宪法理论认为，相比起经过民主政治而产生的总统或立法机构，法院的地位要更为独立和中立，能够更好地保护公民的基本宪法权利。但必须注意，宪法权利的解释并非完全隔绝于民主政治，而现实中的司法审判也并不存在一个完全封闭的空间。因此，应当将权利保护与审判独立放在民主政治或德先生的视野中，并以辩证的思维来思考宪法中司法与民主政治的关系。司法既受制于政治，又能通过自身的能动性而影响政治。法院应当在保持审慎的前提下，发挥司法的领导性作用，引领社会的权利保护与共识塑造。

第四章　自由主义与总统政治
——共和传统中的紧急状态与理性政治　093

在美国历史上，以林肯和罗斯福为代表的总统权力扩张曾经一度赢得了高度的赞扬，被视为是德先生与赛先生的双重胜利。然而经历了第二次世界大战之后的"越战""水门事件""伊朗门事件"以及美国的反恐政治，总统的权力急剧扩张。美国的自由主义学者越来越将当代的总统政治和例外状态视为对法治的侵犯，视为缺乏赛先生指引的德先生暴政。在自由主义者看来，必须加强美国宪法中赛先生（科学理性）的成分。通过宪法的科学理性，自由主义法学期望可以遏制民粹主义的蔓延，重新恢复理性主义政治的活力。然而，政治不仅仅是理性的活动，自由主义法学理论不足以解释政治和紧急状态的逻辑。

第五章　政治神学视野下的美国宪法解释
——评巴尔金的《活原旨主义》　　　121

原旨主义和活宪法主义是截然相反的两种主流宪法理论。在一定意义上，原旨主义代表了主张人民民主意志的德先生的宪法理论，强调宪法中的原旨应当得到无条件的遵从；而宪法主义则代表了要求宪法与时俱进的科学理性与赛先生的传统，强调宪法应当更为理性地符合时代的需求。通过调和原旨主义和活宪法主义，自由派学者巴尔金试图建构一种活原旨主义理论。巴尔金对于原旨主义和活宪法主义的批判非常有力，但其自身建构的理论却存在同样的缺陷。为了更加深刻理解美国宪法，需要运用宗教的视角来理解原旨主义和美国宪法解释。原旨主义是维系人民想象和人民主权的必要理论叙事。

第六章　政治哲学视野下的美国政制
——评施特劳斯学派与共和主义学派之争　　　148

施特劳斯学派和共和主义学派是阐述美国政制的两大重要流派。通过梳理这两个流派之间的争论以及分析争论原因，可以思考美国政制的本质。施特劳斯学派之所以介入美国政制研究，是因为美国政制具有特殊的政制类型学意义。从政制类型学来看，美国是第一个建立在现代自然权利基础之上而不是建立在传统或启示之上的现代国家。现代自然权利的理性主义有助于人们认清美国社会处于洞穴社会的现实。从这一现实出发，施特劳斯学派一方面希望引导一部分社会精英以更高的理性来代替现代"洞穴社会"中的理性；而另一方面，施特劳斯学派也指出，有必要培养社会精英的政治技艺，以求得在一个民主的"洞穴社会"中进行较好的政治实践。

后　记　　　185

导　言

美国宪法中的德先生与赛先生

一、德先生、赛先生与美国宪法

近一百年前,面对内忧外患积弊重重的旧中国,新文化运动的先驱们喊出了德先生与赛先生的口号。在《新青年》的发刊词里,陈独秀先生慷慨激昂地为德先生与赛先生辩护:"西洋人因为拥护德、赛两先生,闹了多少事,流了多少血,德、赛两先生才渐渐从黑暗中把他们救出,引到光明世界。我们现在认定只有这两位先生,可以救治中国政治上、道德学术上、思想上一切的黑暗。"①

无独有偶,在两百多年前的美国制宪期间,德先生与赛先生也支配了美国宪法制定的讨论。面对独立战争后松散的邦联,美国

---

① 陈独秀:《〈新青年〉罪案之答辩书》,载《新青年》1919年1月5日6卷1号。

的国父们一方面希望宪法以德先生或民主为基础建构联邦政府的权力,将联邦政府的权力直接建立在人民的民主意志,而非各州或各邦的意志之上[①];而另一方面,面对制定一部史无前例的新宪法的机遇与挑战,美国的国父们也将宪法视为赛先生或科学理性的化身。他们希望,宪法所选择的政治制度建立在"反思和选择",而不是"机遇与强力"的基础上。

德先生与赛先生的二元框架不仅仅支配了美国宪法的制定,在后来两百年间的宪法实践中,这种德先生与赛先生的二元框架也如影随形,在一系列重大宪法问题上支配着美国宪法的争论和思考。在美国宪法实践与宪法理论中,一方面,很多法官和学者强调宪法的科学性,认为对宪法的解释应当以科学理性的宪法解释为准;而另一方面,在其他法官和学者看来,对于宪法的解释则应当更多地强调宪法的民主性,在宪法具有争议或没有明确规定的情况下,对宪法的解释应当以大多数人的民主意志为准。

二、德先生与赛先生的想象

德先生与赛先生为什么会支配美国宪法的实践与讨论?其根本原因在于,宪法并非一种外在于人的客观事实,而是一种内在于

---

① 用《联邦论》中的话来说,就是美国宪法"必须把我们全国政府的基础,扎得更深,不仅仅得到各邦议会的授权。美利坚帝国的政府结构,应该植根于人民同意这一土壤基础。全国政府的权力,应该直接发源于所有合法权威的清纯之泉"。参见〔美〕亚历山大·汉密尔顿、詹姆斯·麦迪逊、约翰·杰伊:《联邦论》,尹宣译,译林出版社2010年版,第148页。

人类意识的人为建构。对于美国宪法,我们的第一直觉可能是:美国宪法是一种外在于人的客观事实,是一部在美国国家档案馆或各类网站上可以查到的文本。在这种观念看来,似乎只要对这类文本进行独立的研究,就能探寻到宪法的真谛。然而,一旦在具体的政治生活中思考美国宪法,我们就会发现,宪法无法独立于人而孤立存在。当人们解释宪法时,宪法解释其实依赖于人们如何看待和想象宪法。

以 2015 年美国最高法院的同性恋婚姻判决奥贝格费尔诉霍奇斯案(Obergefell v. Hodge)为例。对于美国宪法是否保护同性婚姻,通常的想法是认为美国宪法存在一个客观答案,只要循着某种宪法解释方法就能发现客观存在的宪法答案。但实际上,美国宪法是否保护同性婚姻更多取决于人们如何看待或想象宪法。如果人们采取德先生的视角来想象宪法,将宪法和法律视为人民民主意志的体现,那么只要宪法中没有明确的关于婚姻自主权的规定,关于婚姻问题的决定权就属于"人民的民选代表,而不属于五个被授权根据法律解决纠纷的法官"①。相反,如果人们采取赛先生的视角来想象宪法,那么宪法解释者就可能通过对宪法科学理性的解释而推导出美国宪法对婚姻自主权的保护。

事实上,不仅宪法解释依赖于人们如何看待和想象宪法,就连宪法本身的效力和正当性也依赖于人们如何看待和想象宪法,依赖于人们采取德先生的视角还是赛先生的视角。例如,在阿克曼

---

① Obergefell v. Hodges, 135 S. Ct. 2584(2015).

所称的宪政时刻,当总统或国会乾纲独断,在高度的民意支持下以违反宪法具体条文的方式作出政治决定,这时候宪法条文是否仍然具有约束力?总统或国会的政治决定是否具有正当性?对于这样的问题,如何看待和想象宪法也决定了问题的答案。如果采取德先生的视角,将宪法想象为人民民主意志的化身,那么政治对宪法具体条文的违背并不必然意味着政治决定的非正当性。相反,如果采取赛先生的视角,将宪法想象为遏制民主的科学理性,那么违反宪法具体条文的规定显然是不正当的。

基于这种认识,本书的前半部分以德先生与赛先生为思考框架,努力深入到美国宪法理论的内部,以求全面理解美国宪法学者以及美国人民对于美国宪法的结构性想象。在某种意义上,如何理解美国宪法中的德先生与赛先生的对立与紧张,如何解决美国宪法中的德先生与赛先生的矛盾,构成了美国宪法理论的核心。

三、政治神学与政治哲学视野下的德先生与赛先生

我们必须意识到,德先生与赛先生的二元框架并非在美国宪法或现代社会中才出现。如果我们往前追溯,会发现这一对立范畴有着更为久远的历史与思想渊源。在基督教的教义中,就有关于为何应当遵守圣经的意志论与理性论的争议。在强调意志论的一方看来,圣经的权威来源于上帝的意志,遵守圣经是因为其体现了上帝的意志。而在强调理性论的一方看来,遵守圣经是因为圣经中包含理性,通过遵守圣经,人类可以尽可能地理解和接近上帝所

创造的理性秩序。在某种意义上,当代美国宪法中的意志论与理性论之争可以说就是基督教教义之争的延续。只不过在现代美国社会,上帝的意志已经为人民的民主意志或者说德先生所替代,而上帝所创造的理性秩序则为现代理性或者说赛先生所替代。

在这个意义上,要真正深刻地理解美国宪法,就有必要跳出美国宪法理论的固有框架,以政治神学的视野来思考美国宪法中的德先生与赛先生。在本书第五章中,我将美国现代社会作为一个"神学"共同体来加以理解,指出美国政治和美国宪法是神学政治的延续。在某种意义上,美国社会并非一个完全启蒙的社会。相反,当代美国社会更接近于"神学政治体"或柏拉图意义上的"洞穴社会"。只不过在现代社会,对上帝的信仰变成了对人民的信仰,而对神学理性的依赖则演变成了对法律理性的依赖。因此,在当代美国社会,所谓的德先生的实践是"神学政治体"中的民主实践,而所谓的赛先生的理性则是这种"神学政治体"中的话语实践。只有将美国宪法中的德先生与赛先生放置在这种政治神学或"神学政治体"的视野下,我们才能更为深刻地理解二者之间的关系。

顺着这一逻辑分析,本书在最后借用了施特劳斯学派的政治哲学理论对美国政制中的德先生与赛先生进行了分析。如同我们将在本书中看到的,施特劳斯学派也同样将美国社会视为一个"洞穴社会",将美国社会中的德先生与赛先生视为是洞穴社会中的民主政治与话语实践。然而与政治神学的研究方法不同的是,施特劳斯学派的政治哲学研究不仅仅希望"解释世界",而且希望"改造世界"。对于施特劳斯学派来说,既然现代社会仍然处于"洞穴社会",那么现代宪法或政制之中所谓的德先生与赛先生都必须被重新思考。在施特劳斯学派看来,一方面必须清醒地认识到现代美国社会处于洞穴社会的现实,引导一部分社会精英以更高的理性来代替现代"洞穴社会"中的理性。而另一方面,施特劳斯学派也指出,有必要培养社会精英的政治技艺,以求得在一个民主的"洞穴社会"中进行较好的政治实践。

对于施特劳斯学派"改造世界"的政治努力,本书在最后的总结中表达了质疑。在本书看来,试图通过哲学真理来改造宪法与政治,这多少显示了政治哲学家的僭越和天真。且不说政治哲学家是否能够通过理论来发现政治的技艺,从而"改造世界",即使政治哲学家能够发现这种技艺,现代社会也丧失了让政治哲学家来制衡民主的基础。

然而从另一个层面,施特劳斯学派的理论的确给我们提出了关键性的问题:如果说哲学家早已经丧失了制衡民主的能力,柏拉图所谓"高贵的谎言"早已经没有存在的现实基础,是否现代社会的法官和法学家们集体无意识地承担起了这一责任?是否宪政与法治才是现代社会中必要的"高贵的谎言"?如果答案是肯定的话,法学特别是宪法学又应当如何处理现代洞穴社会中的德先生与赛先生?

或许,本书仅仅是这个问题的开始。

第一章

德先生与赛先生

——美国宪法中的意志与理性

美国宪法是什么？在美国制宪时期，对这一问题有两种截然不同的思考。第一种观念强调美国宪法赛先生的一面，将美国宪法视为一种人类科学理性的产物。这种观念认为，美国宪法是对某种自然法或高级法的摹本，宪法权威来源于宪法对某种永恒的正义法律的宣布和复制。

与第一种观念相对，第二种观念则强调美国宪法德先生的一面，这种观念将美国宪法视为人民民主意志的体现，认为美国宪法的权威源于人民主权，是人民的民主意志而非宪法的内容造就了宪法的权威。

在一定程度上，这两种观念支配了后来的整个美国宪法学界。在这一章中，我将通过对比与分析这两种观念来把握美国宪法，从而思考美国宪法的本质。通过分析,我们将发现这两种观念都不能完全确切地把握美国宪法的本质。美国宪法的理论基础既不同于传统自然法理论中的法律发现理论,也不同于卢梭式的人民主权理论。美国宪法一方面是建立在自然权利基础之上的人为宪法,是德先生理论指引之下的人民民主意志的表达。但另一方面,美国宪法也是赛先生的产物,宪法中的人民民主意志必须接受理性的过滤和引导。

一、赛先生:作为理性指引下高级法摹本的美国宪法

将美国宪法视为人类理性或赛先生指引下的高级法摹本,其代表人物是美国宪法史学家爱德华·考文。在《美国宪法的"高级法"背景》一书中,考文详细地阐述了高级法观念在历史上的演变以及它对美国宪政的意义。

考文首先驳斥了将美国宪法的合法性和至上性完全归结于人民主权或德先生的看法,他认为,这种观念包含两个层面,第一是表现了一种实证主义的法律观,即法律仅仅是"人类立法者特定命令的一般表述,是一系列体现人类意志的法令",第二是表明了作为命令的法律可以追溯到最高源泉的"人民",人类的意志可以由"人民"来体现。考文认为,这种观念其实只是很晚才产生的,在这种观念之前,"赋予宪法以至上性并不是由其推定的渊源,而是由于其假定的内容,即它所体现的一种实质性的、永恒不变的正

义"①。和实证法对于法律的理解相反,这些正义的原则"并不是由人制定的",它们"存在于意志之外,但与理性本身却互相浸透融通"。用考文的话来说,它们自身具有如此的优越性,以至于"如果说它们不是先于神而存在的话,那么它们仍然表达了神的本性并以此来约束和控制神"。

相比起这些永恒的原则,人法"除某些不相关的情况而有资格受到普遍遵行时,只不过是这些原则的记录或摹本,而且制定这些人法不是体现意志和权力的行为,而是发现和宣布这些原则的行为"。在考文看来,美国正是具备这种特征的最典型体现,他引用了美国宪法第九修正案所规定的"宪法对某些权利的列举,不得被解释为否定或轻视由人民保留的其他权利"作为证据,证明宪法所列举的权利"并非基于宪法的认可",相反,"如果美国宪法想追求完美的话,对这些权利的认可是必不可少的"。②

在考文的叙述中,多种思想背景构成了美国宪法作为一种高级法的思想渊源。首先是从古希腊时期一直到中世纪时期的自然法观念,无论是古希腊罗马时期的安提戈涅、亚里士多德、斯多葛学派、西塞罗,还是中世纪的自然法,这些理论都将最高权威置于自然法的理念之下,"都最充分地展示了一切权力在本质上都是有条件的这一观念"③。其次,英国的古代宪法和普通法观念也为高级法提供了另一种思想来源。特别是柯克的理论,这种理论提出了

---

① 〔美〕爱德华·S. 考文:《美国宪法的"高级法"背景》,强世功译,生活·读书·新知三联书店1996年版,序言第Ⅳ页。
② 同上书,序言第Ⅴ页。
③ 同上书,第15页。

一种既约束议会、也约束国王的基本法学说,并且为美国宪法提供了法律之下议会至上的思想。①最后,以洛克为代表的自然法观念以一种普适性的语言重新表述了一种高级法思想,这种高级法思想"给立法权施加限制,更看重保护个人权利"②。这几种思想渊源极大地影响了美国建国一代的思想,构成了美国宪法的高级法背景。

然而,考文似乎对美国宪法在制定之后的性质语焉不详。在关于高级法叙述的最后部分,他认为,美国宪法的合法性最终转移到了人民主权之上:"在美国的成文宪法中,高级法最终获得了这样一种形式,这种形式可以给它提供一种全新的有效性,即源于主权人民的制定法规的有效性。"③我们可以看到,这段叙述中存在着一种明显的张力,一方面,美国宪法仍然被视为一种高级法,但另一方面,这种高级法的效力又被认为最终来源于人民主权。考文并没有进一步阐释,在新的时代,宪法的有效性到底是因为人民主权意志,还是因为"宪法表达了更高级的法,它实际上是不完美的人最为完美地复制了布莱克斯通所说的'区分善恶的、永恒不变的法'"④。

和考文关于高级法的叙述类似,斯坦福大学法学院的资深法学教授托马斯·格雷也认为,美国宪法的制定具有深厚的高级法背

---

① 〔美〕爱德华·S.考文:《美国宪法的"高级法"背景》,强世功译,生活·读书·新知三联书店1996年版,第17—58页。
② 同上书,第73页。
③ 同上书,第93页。
④ 参见罗西特为考文所撰写的序言,同上书,序言第Ⅱ页。

景。在1975年发表的《我们拥有非成文宪法吗?》一文中,格雷认为,"在制宪的那一代人中间,大家都普遍认同和深切地认可保护'自然权利'的'高级法'的概念,以及这种概念优先于普通的实证法是一种政治责任。美国宪政的一个基本要素就是将自然权利的某些原则化约为成文形式以及成文法。"①但在这种类似于高级法的超验原则被转化为美国宪法的同时,这种转化也不可能涵盖所有的超验原则。因此,在最初形成美国宪法的时候,人们普遍认为,存在着某些不成文但仍然具有约束力的高级法原则。宪法第九修正案就是联邦宪法中这种观念的反映。②同时,人们也普遍认为,法院除了有权力执行和普通法冲突的成文宪法之外,也应当执行非成文的自然权利。马歇尔法院、州法院以及许多宪法注释者的著作都表明了这一点。直到南北战争之前,这种基于自然权利的宪法判决还一直为联邦法院和州法院所采用。③

在几年后的一篇文章中,格雷详细地描述了美国革命时期的根本法思想。格雷首先阐述了英国的根本法传统对美国根本法观念的影响。在17世纪,英国的根本法传统具有支配性的地位,首先,法律被认为具有至高无上性,任何一个政府机构都没有权力声称自己拥有完全的主权,都必须站在法律之下。④其次,在17世纪的

---

① Thomas Grey, "Do We Have an Unwritten Constitution?", 27 *Stanford Law Review* 703, 1975, p. 715.
② Ibid., p. 716.
③ Ibid.
④ 关于17世纪英国的法律至上观,参见 Thomas Grey, "Origins of the Unwritten Constitution: Fundamental Law in American Revolutionary Thought", 30 *Stanford Law Review* 843, 1978, pp. 850—852.

第一章 德先生与赛先生

英国,人们普遍认为,"古老的就是理性的,理性的就是古老的",理性与习惯天衣无缝地联结在了一起,被结合成一种互不冲突的根本法。①最后,以柯克为代表的法律人为司法审查提供了一种理论基础,这种司法审查的理论强调一种更具权威的自然法或高级法,议会并不具备独立宣布这种自然法或高级法的权力。②格雷认为,在18世纪,由于经历了1688年的光荣革命和议会权力的扩张,这种体现英国根本法思想的观念受到了一定的冲击,议会至上的观念开始逐渐浮现,但是,这种英国根本法的思想并没有被抛弃,它在英国还具有很强的影响力。③在考察了英国的根本法传统之后,格雷还继续考察了启蒙时期法律和政治哲学对根本法思想的影响,他认为,启蒙时期普芬道夫(Pufendorf)、柏拉马奎(Burlamaqui)、瓦特尔(Vattel)、拉瑟福德(Rutherforth)等人的自然法思想主张"自然法具有法律的约束力,他们坚持,立法权力不能合法地违反道德与政治的首要原则",因此,从这个意义上说,"他们重新恢复了传统根本法理论中的自然法因素"。④

在格雷的叙述中,洛克与杰斐逊在美国革命中的地位被放在了一个较低的位置。洛克虽然将传统的普通法权利提升到了生命、自由和财产这样一些普世性的权利,但是,洛克的理论并没有提供

---

① Thomas Grey, "Origins of the Unwritten Constitution: Fundamental Law in American Revolutionary Thought", 30 *Stanford Law Review* 843, 1978, p. 853.
② Ibid., pp. 854—856.
③ Ibid., pp. 856—859. 格雷特别提到了布莱克斯通,认为他将法律至上的观念转变为自然正义至上的观念,从而为更普适性的根本法奠定了基础。
④ Ibid.

一种可以约束立法权至上的法律观,而只是提供了一种约束立法至上的道德和伦理观。①同样,杰斐逊和潘恩的自然法观念和激进民主主义也和传统的根本法观念有所不同,这种自然法观念否认了经过严格训练的法官更能发现根本法的可能。格雷认为,在革命一代的美国人中间,这种超越法律和平等主义的思想并非主流。在18世纪60年代和70年代之间"从保守主义者约翰·迪金森(John Dickinson)到激进主义者塞缪尔·亚当斯(Samual Adams),辉格党人所宣扬的都是一种源自英国根本法传统的'革命法律主义'的观念。在这种观念下,根本法防止立法机关侵犯法律权利——主要是普通法财产权利、诉诸传统制度安排和法律程序的权利。而这些权利是为先例所修改,为特别的法律的'人为理性'所认可的社会进化的产物"。②

和考文与格雷对美国宪法的看法相近,苏珊娜·雪莉(Suzanna Sherry)也将美国宪法看做高级法的摹本。在1987年发表于《芝加哥大学法律评论》的《国父们的非成文宪法》一文中,雪莉详细地阐述了美国建国一代是如何看待美国宪法的。雪莉认为,在美国革命和1787年制宪会议之前,美国的建国者们仍然把成文宪法看成是根本法或高级法的一部分,而要成为根本法,并不需要人民的制定或认可。但与格雷相对轻视洛克的影响力不同,雪莉认为洛克的基本权利的理念和柯克的根本法原则是"一个硬币的两面:两者

---

① Thomas Grey, "Origins of the Unwritten Constitution: Fundamental Law in American Revolutionary Thought", 30 *Stanford Law Review* 843, 1978, p.860.
② Ibid., p.892.

都是建立在不成文的自然法基础上的"。这两者的不同之处是"共和社群主义和个人自由主义的区别,前者强调群体成员之间的关系,而后者强调政治体中个体成员的权利",而早期的美国人将这两者调和起来。①为了验证这种将成文宪法看成高级法或根本法一部分的观念,雪莉考察了1787年之前的一些案件,发现在这些案件中,法官往往同时诉诸自然法、自然权利以及州宪法,将它们作为共同的判决根据。②

雪莉认为,到1787年为止,美国的建国者还把宪法看做是高级法的一种,看做是某些真理和原则的宣布,而且,正是因为宪法的性质被认为是对不可怀疑的真理和超越时间的习惯的宣布,它的根本性并不源自人民的批准。但在1787年的制宪会议上,出现了转折性的一幕,制宪会议的代表开始将宪法视为制定法的一种,他们开始构思和表述两个关键性的概念"以自己为参照的可执行性(self-referential enforceability)和超立法机构的起源(extra-legislative origin)"。所谓以自己为参照的可执行性,指的是"宪法宣布自身为根本法,表明实证的制定而不是内在的性质使得一部成文宪法成为根本法";所谓超立法机构的起源,指的是"立法机构不具备制定根本法的权力"。雪莉认为,这两种观念使得美国建国者的宪法观开始区别于英国版本的宪法观,在英国版本的宪法观念中,宪

---

① Suzanna Sherry, "The Founders' Unwritten Constitution", 54 *U. Chi. L. Rev.* 1127 (1987), p. 1132. 从某种程度上说,雪莉的这一论述更加接近于考文的论述,将洛克也纳入了根本法的传统之中。

② Ibid., pp. 1134—1146.

法被认为天生就是根本的(inherently fundamental),而且是逐渐地从自然法和不可挑战的立法行为中得来的。①

雪莉进一步指出,尽管建国者们在1787年的制宪会议中形成了成文宪法源于人民主权的概念,但建国者们并没有放弃早先的根本法的概念。宪法的设计者们仍然认为,即使存在一部成文宪法,人们也依然可以诉诸自然法。一个相关的例证是,所有制宪会议的代表都明确或隐含地认为,一部追溯既往的法律是违反自然法的,大多数代表认为,在成文宪法中不需要包含这样一个基本的自然法原则。②制宪会议的代表们并不试图把所有的根本法都体现在成文法中,相反,他们依赖于不成文的自然权利去补充已经制定的宪法。

类似于考文、格雷和雪莉这样的学者还有很多。③综合他们的观点,可以发现他们虽然在具体问题上存在着很多分歧,在术语表达上存在很多的差异,但在本质上都把宪法视为科学理性——赛先生——的产物。在他们对美国建国时期的历史考察中,美国宪法不

---

① Suzanna Sherry, "The Founders' Unwritten Constitution", 54 *U. Chi. L. Rev.* 1127 (1987), p. 1146.

② Ibid., p. 1157.

③ 例如 Charles Black, *Decision According to Law: The 1979 Holmes Lectures*, New York: Norton, 1981; Calvin R. Massey, "Federalism and Fundamental Rights: The Ninth Amendment", 38 *HASTINGS L. J.* 305 (1987); Leonard Levy, *Original Intent and The Framer's Constitution*, New York: Macmillan Publishing Company, 1988, pp. 367—383; David Richard, *Foundations Of American Constitutionalism*, Oxford: Oxford University Press, 1989, pp. 220—226; Randy E. Barnett, "Introduction: James Madison's Ninth Amendment", in Randy E. Barnett (ed.), *The Rights Retained By the People: The History and Meaning of the Ninth Amendment*, Washington, DC: Univ Publ Assn, 1989; Bernard Schwarts, *The New Right And The Constitution: Turning Back the Legal Clock*, Boston: Northeastern University Press, 1990.

是被看做一种纯粹的至高无上的实证法,而是被看成是某种自然法、根本法或高级法的摹本。这种宪法虽然有可能因为人民主权的观念而具有了实证法的特征,但这都不妨碍在美国成文宪法之外,还存在着某种更高级形态的法。

二、德先生:作为人民民主意志与实证法的美国宪法

将美国宪法视为赛先生指引下的对高级法的摹本,这就意味着宪法的权威和优越性来自于其内容的科学与理性。相反,将美国宪法视为德先生的产物,其权威则源于现代社会中人民民主意志或人民主权意志的表达。

在《联邦论》中,我们可以看到这种对人民民主意志的阐述,在普布里乌斯对于共和制度的新定义中,共和国被认为是一种权力直接或间接源于人民的政体,在这种政体中,"政府的所有权力,都直接或间接地来自人民大众"。①同样,"起草宪法的权利,正是来自人民",政府的各个部门从宪法那里获得授权。②宪法开头中"我们人民"(We the people)似乎更明确无误地证明了这一点,是"我们合众国人民""制定"(ordain and establish)了本法,而不是宣布或效仿了某种自然法或高级法。

将美国宪法视为一种人民主权的产物,这是绝大多数美国宪法

---

① 〔美〕亚历山大·汉密尔顿、詹姆斯·麦迪逊、约翰·杰伊:《联邦论》,尹宣译,译林出版社2010年版,第261页。
② 同上书,第342页。

学者所持有的观点。例如,斯坦福大学法学院的拉里·克雷默(Larry Kramer)就提出,美国的宪政主义本质上就是一种"人民宪政主义",人民自己构成了宪政和司法审查的来源。

为了论述这种人民宪政主义,克雷默首先回顾了革命前的习惯宪法。在一般的论述中,发源于英国的习惯宪法的合法性在于其古老的历史,英国人和美洲殖民地人民对于宪法权利和英国人权利的声明往往会诉诸古代宪法。[1]然而,在克雷默看来,其实这种习惯宪法已经蕴含了相当的人民宪政主义的内涵,因为"习惯宪法之所以能够运作起来,是因为人民对它的信仰","人民认同它的前提,并愿意践行它所赋予他们的角色"。[2]

美国独立革命使得人民宪政主义的性质得到了进一步的加强,由于需要明确地禁止英国王室之下所有的成文宪章和法令,并且填补因为和英国王室断绝关系之后的真空,殖民地人民开始采用成文宪法的形式予以固定,开始在各邦起草成文宪法。虽然在这种过程中,人们还会不时诉诸某种自然法或习惯法的观念,但是,成文宪法让人民日益感受到自身的能量和创造力。美国人不再如同殖民地时代的辉格党人那样,希望重新找回某种完善的古老体制,而是"殷切地向前看,望向未来,而不是回首过往——他们相信自己的调整、适应与改良的能力",他们相信,他们有能力"设计出自己的宪法和政府,掌控他们自己的命运"。在这种新的宪政理念

---

[1] J. G. A. Pocock, *The Ancient Constitution and the Feudal Law*, Cambridge: Cambridge University Press, 1987

[2] 〔美〕拉里·克雷默:《人民自己:人民宪政主义与司法审查》,田雷译,译林出版社 2010 年版,第 44 页。

和人民主权观念的支配之下,美国人将习惯宪法"第一次变成了所谓的人民宪法"。①

克雷默的人民宪政主义是激进的,因为它主张人民不仅仅是制定宪法的主体,也是解释宪法的主体,宪法的解释权应该由人民而不是由法院来独享。相比之下,其他一些同样视宪法为人民主权创造的学者则没有这么激进。例如,在阿克曼的二元宪法理论中,阿克曼虽然主张人民是宪法的唯一来源,但是,阿克曼同时认为,只有在超越日常政治的宪法时刻,作为个体的私人才会积极地参与宪法政治,而人民也只有在此时此刻才能作为适格的宪法制定主体。相反,在日常政治中,由于作为私人的公民主要关注自身利益,关心经济、家庭远甚于关心公共政治,因此他们无法在这种日常政治中形成共同的意志,成为公共意义上的人民。在阿克曼的理论中,美国人民在建国时期、内战后的重建时期以及新政时期这三次重要的历史时刻形成了真正的宪法时刻,而这些时刻所作出的决定则成为比其他时刻制定的普通法更为高级的法律。与克雷默不同的是,阿克曼的二元宪法理论强调,在普通政治中,法院可以作为制宪时刻人民意志的代言人,保留制宪时刻人民制定的高级法。②

---

① 〔美〕拉里·克雷默:《人民自己:人民宪政主义与司法审查》,田雷译,译林出版社2010年版,第76—77页。
② 参见 Bruce Ackerman, *We the People: Foundations*, Cambridge, Mass.: Harvard University Press, 1990. 中文文献中对阿克曼思路的介绍,参见汪庆华:《宪法与人民:布鲁斯·阿克曼的二元主义宪政理论》,载《政法论坛》2005年第6期;田雷:《重新理解美国宪法——阿克曼宪法理论的用途与误用》,载《北大法律评论》第11卷第2辑,北京大学出版社2010年版。

事实上，最能表明人民主权观念的宪法理论是围绕着所谓的反多数难题（counter-majoritarian difficulty）而展开的争论。20世纪60年代，耶鲁大学法学院教授毕克尔在《最不危险的分支》①一书中提出，对于司法审查，"困难之根本在于司法审查是我们制度内的一股反多数的力量。回避这一无可回避之现实可以有多种方式。马歇尔本人则追随着汉密尔顿，汉密尔顿在《联邦论》第78篇拒绝认为司法审查意味着司法权高于立法权……'它仅设定人民的权力同时高于两者；如果在立法中所宣布的立法机关意志不符合在宪法中所宣布的人民意志时，法官应该听命于后者而非前者。'但是，如此运用的'人民'一词是一种抽象之存在。它并不必然是无意义的或者破坏性的，但却每每充斥着情绪同时无实体之存在——这一抽象理念掩盖了一个现实，即当最高法院宣布立法法案或民选执法者的行为违宪时，它反对的是此时此地的真实人民之代表的意志。"②在这段关于反多数难题的经典表述中，毕克尔为随后半个世纪的宪法争论设定了一个无法回避的议题。

笔者无意在这里展开对这些学术争论的详细阐述，因为就本章所关心的问题而言，这些相互之间水火不容的争议其实都有一个完全相同的理论预设：宪法的合法性和正当性来源于人民主权和人民的意志。各方的争议只不过在于，什么是"人民"，什么时候才是真正的"人民主权"的实践和"人民意志"的表达。正如埃德蒙

---

① 该书在国内的译本为：〔美〕比克尔：《最小危险部门》，姚中秋译，北京大学出版社2007年版。
② Alexander Bickel, *The Least Dangerous Branch：The Supreme Court at the Bar of Politics*, Indianapolis：Bobbs-Merrill, 1962, pp.16—17.

德·摩根(Edmund Morgan)所指出的,人民主权是一个被发明的概念,正如对国王的信念一样,人民主权的信念也是被发明出来的,这种信念的政治世界可能塑造真实的现实世界,但并不一定和现实世界完全融合。[①]如果立法机关是人民主权的完美体现,人民总是能够通过代议制和立法机关来表达自己的意志,那么法院通过司法审查而宣布立法机关违宪就与人民主权的原则相抵触。相反,如果人民主权只能通过建国时刻的宪法制定得到完美表现,或者如同阿克曼那样,认为只能在制宪时刻才能制定真正的高级宪法,那么立法机关就不能宣称自己是实现人民主权的完美载体,法院至少在理论上可能比立法机关更适合作为人民意志的代言人,因为法官可能比人民能够更准确地理解通过宪法文本而承载的人民意志。同样,如果人民内部会通过大多数对少数人的排斥或通过大多数人的暴政而妨碍人民对于政治过程的参与,妨碍人民主权的实现,那么法院和法官也可能通过强化民主过程而实现人民主权的真正实现。[②]

三、赛先生或德先生？理性或意志？

美国宪法本质上是赛先生还是德先生？是高级法的摹本,还是

[①] 参见 Edmund S. Morgan, *Inventing the People: The Rise of Popular Sovereignty in England and America*, New York: Norton, 1988, pp.13—14。

[②] 关于这种强化代议制和民主的司法审查论证,参见 John Hart Ely, *Democracy and Distrust: A Theory of Judicial Review*, Cambridge, Mass.: Harvard University Press, 1980。

人民主权意志的体现?我们看到,这不仅仅是理论上的分歧,而且隐含了更为根本的思维差异。

在视美国宪法为高级法摹本的观念中,美国宪法的权威被认为来源于其内容,因为人类通过自己的理性而最大限度地模仿了完美的高级法,因此宪法也拥有不同于其他一般法律的权威。在这种观念中,美国宪法首先被视为一种体现了尽可能完美并包含了人类理性的法,它是对某种超越时空的真理的发现和宣布,而不是通过某种人为意志而制定的。人们可能会对自然法或高级法的内容产生分歧,对于认识它们的最佳途径也会有不同的意见,但是,这些分歧和争论都不会妨碍他们将美国宪法视为高级法的摹本。

当然,这并不是说宪法就不能以成文法的形式存在,而是说,即便是成文法,也只是对高级法的模仿。而且,人们并不能一目了然地发现和宣布这种高级法,高级法必须通过人们的理性和不懈的努力才能被某些人所发现。例如,在古典的自然法理论中,自然法的渊源被认为源自于和习俗相对的自然,只有经过长期的哲学实践才能够最为完美地阐释这种自然法。而在中世纪的神学自然法体系中,人类也只有通过虔诚地接近上帝,才能够理解和参与上帝所设定的高级法。

普通法的法律观则是另一种更为特殊的思想体系。在这种体系中,法律的渊源或者说作者被认为是历史中的那些集体智慧,在这些智慧中凝聚了历代王国的全体民众的集体智慧和经验,而且这些智慧和经验又经过了普通法法律家们的整合和加工。①对于这种将历史和理性极为巧妙地融为一体的普通法，也只有普通法的法律家们才能够发现这种法律，因为他们具有长期的训练和对普通法"技艺理性"的掌握。正是基于这种技艺理性的理由，柯克拒绝了詹姆斯一世要求审判案件的要求："确实，上帝赋予了陛下丰富的知识和非凡的天资，但陛下没有研究过英国的法律。涉及陛下臣民的生命、继承、动产或不动产的案件并不是依据自然理性来判决的，而是依据技艺理性和法律来判断的。法律是一门艺术，只有经过长期的研究和实践，才能了解它。"②而在美国革命独立前，奥提斯则几乎原封不动地将这种普通法理性的辩护应用在了协助令状案中，在该案中，奥提斯认为，一般性令状违背了法律的根本原则，也没有得到先例的支持，因而是无效的，同样，议会的法案因为违反了普通法的理性，也是无效的。③

与视美国宪法为自然法或高级法摹本相对的是，在视美国宪法为人民主权意志的观念中，美国宪法的权威被视为来源于人民的意志，宪法具有权威并非因为其内容正确和完美，而是因为它是人民民主意志的表达，是人民主权的体现。在这种观念中，人们可能因何时何地以何种方式体现人民意志而产生分歧，但一旦人民意

---

① 参见李红海：《普通法的历史之维》，载《环球法律评论》2009 年第 2 期。
② Coke, 12 Report 63. 转引自 James R. Stoner, Jr, *Common Law and Liberal Theory: Coke, Hobbes, and the Origins of American Constitutionalism*, Lawrence: University Press of Kansas, 1992, p. 30.
③ 在一些学者看来，柯克和奥提斯的这种强调普通法理性的思想为马歇尔日后开创司法审查制度提供了重要的思想来源。参见 James R. Stoner, Jr, *Common Law and Liberal Theory: Coke, Hobbes, and the Origins of American Constitutional ism*, Lawrence: University Press of Kansas, 1992。

志得到最好的表达,不论其内容是否正确,其权威性也依然存在。极端一些说,则几乎可以套用霍姆斯的那句名言:如果人民主张美国宪法应该让人民下地狱,那也不妨碍宪法的权威。① 在这种观念中,政治被视为美国宪法的首要特征,宪法的权威来源于人民的意志,而不是来源于对某种超验正义的追寻。

按照这样一种人民主权的宪法观,解决宪法中的种种问题,需要辨别或实现一种"真正的"人民主权,对于宪法问题思考的出发点也必须建立在一种政治而非法律的观念上。即使某些流派,例如原旨主义者或文本主义者主张宪法的解释应当回归到宪法文本或国父们的理解,看上去他们似乎要完全回避对政治问题的判断,但这种观念背后却多少隐含着这样一种政治判断,那就是建国一代的人民更好地实践了人民主权。② 而对于其他学者——例如主张大众宪法的图什奈特(Mark Tushnet)③,主张实现"真民主"的昂格

---

① "我总是说,如果我的同胞公民想下地狱,我也会帮助他们。这就是我的工作。"致哈罗德·拉斯基(Harold Laski)的信,1920 年 3 月 4 日,in Holmes—Laski Letters: *The Correspondence of Mr. Justice Holmes and Harold J. Laski*, 1916—1935, vol. 1, Cambridge, Mass: Harvard Vniversity Press, pp. 248—249 (Mark D. Howe ed., 1953). 转引自〔美〕波斯纳:《法理学问题》,苏力译,中国政法大学出版社 2002 年版,第 280 页,注释 7。

② 关于原旨主义解释的代表著作参见 Robet H. Bork, *The Tempting of America: the Political Seduction of the Law*, New York: Simon &. Schuste, 1990. 中文的综合性论述,参见赵晓力:《美国宪法的原旨解释》,载《宪法与公民》,上海人民出版社 2004 年版。关于文本主义解释的代表性著作,参见 Antonin Scalia, *A Matter of Interpretation: Federal Courts and the Law*, Amy Gutmann (ed.), Princeton: Princeton University Press, 1997。原旨主义解释和文本主义解释之间存在一些细微的差别。

③ 在这个意义上,图示奈特更多的是一个人民主权的支持者,而并非如同米歇尔曼所评论的那样,是一个平民主义自然法的支持者,参见 Frank I. Michelman, "Populist Natural Law: Reflections on Tushnet's Thin Constitution", 34 *U. Rich. L. Rev.* 461 (2000)。

第一章 德先生与赛先生

尔(Robert Unger)——来说①,则更是要打破最高法院对于宪法问题解释的垄断权,只有这样,才能将人民的话语权从法律精英那里夺回,实现真正的人民主权。还有的学者——例如以宪法的经济解释而闻名的查尔斯·比尔德(Charles Beard),以及得克萨斯大学法学院现任教授列文森(Sandy Levinson)——认为,美国宪法是极其不民主的,美国宪法并没有体现真正的人民意志。②毋庸置疑,这个命题的反面就是,宪法应当体现真正的人民意志。

四、自然权利下的人为宪法:高级法摹本理论的谬误

在视美国宪法为赛先生指引下的高级法摹本的理论中,我们看到,尽管不同学者对于美国宪法的"高级法"背景有着不同的理解,但他们大多同时叙述和整合了各种高级法和自然法的传统:古典自然法传统,基督教神学体系下的自然法传统,以柯克为代表的融合自然法、历史与普通法的传统,以及以霍布斯和洛克为代表的自然法和自然权利学说……这样,美国建国和立宪的传统就被接续到了西方的"伟大传统",正如罗西特为考文的著作所写的导言所言:"我们的政治传统和宪法不过是两千多年以来一直茁壮成长、

---

① 参见 Roberto Mangabeira Unger, *Democracy Realized: The Progressive Alternative*, London & New York: Verso, 1998。在昂格尔看来,法律人关注以联邦法院为中心的宪法判例,这其实是法律人为了增强自身影响力和利益的肮脏小秘密(dirty little secret),他呼吁法律人应当进行制度创新,以实现更为民主的制度。

② 参见〔美〕查尔斯·比尔德:《美国宪法的经济观》,何希齐译,商务印书馆1984年版;Sanford Levinson, *Our Undemocratic Constitution: Where the Constitution Goes Wrong (And How We the People Can Correct It)*, New York: Oxford University, 2006.

而且依然充满活力的枝干上迟迟盛开的花朵。"①

然而,必须指出的是,这种将所有自然法混为一谈的做法实际上忽视了近代自然法和自然权利的大转型。对于这一巨大转变,施特劳斯曾经指出两个相似名称的自然法背后的巨大不同。在古典自然法体系中,自然(physis)是某种相对于习俗或人为的东西。无论是古希腊罗马时期,基督教下的自然法,抑或是普通法理论,都认为存在一个更为高级的正当秩序。如同柯克所说:"自然法是上帝在创造人类的时候为保全和引导人类而注入人类心中的,这就是道德法(Lex aeterna),也可以叫做自然法。上帝用手指在人类的心灵上写下了这种法律,在摩西第一个公布或写下这种法律之前,上帝的子民们长期由这种法律统治。"②

在考文和格雷的叙述中,柯克的这种自然法理论被认为和霍布斯及洛克的自然权利思想具有一致性,但是,如同一位学者所指出的,霍布斯和洛克所阐释的自然权利原理和自然法并非格雷所理解的"高级法"传统。柯克在加尔文案件中理解的"具有神圣起源,永恒不变"的自然法源于斯多葛学派和阿奎那。而霍布斯和洛克等人的新自然法则仅仅是用来寻求和平和保存自身的。③

在这种现代自然法中,自然并不再指涉某种永恒的客观存在和正当性,自然法也不再是对那种永恒真理的发现和模仿。相反,在

---

① 〔美〕爱德华·S.考文:《美国宪法的"高级法"背景》,强世功译,生活·读书·新知三联书店 1996 年版,序言第Ⅳ页。
② Calvin's Case, 77 Eng. Rep. 377(1609), p. 393.
③ Walter Berns, *In Defense of Liberal Democracy*, Chicago: Gateway, 1984, pp. 45—46.

第一章 德先生与赛先生

新的自然法和自然权利体系中,人成为真正的主角。在新自然法下,以往人与自然的关系被完全颠倒了,用后来康德的话说,就是在现代自然权利体系下,"人为自然立法,而不是自然为人立法"。①

在这种"人为自然立法"的自然权利理论中,自然法就不再是对某种高级法的模仿,而仅仅是一些使得人们发现自然权利和保护自然权利的规则,或者说"仅仅是一些指示(prescription)或引导(directions),告诉人们如何逃离自然状态,或者说逃离自然所让他们所处的状态"。②如同洛克在《政府论》下篇所说,在自然状态中,"一切权力和管辖权都是相互的,没有一个人享有多于别人的权力。极为明显,同种和同等的人们既毫无差别地生来就享有自然的一切同样的有利条件,能够运用相同的身心能力,就应该人人平等,不存在从属或受制关系,除非他们全体的主宰以某种方式昭示他的意志,将一人置于另一人之上,并以明确的委任赋予他以不容怀疑的统辖权和主权"。③自然法最核心的教义和内容就在于"教导着有意遵从理性的全人类:人们既然都是平等和独立的,任何人就不得侵害他人的生命、健康、自由或财产"。④或者,如同杰斐逊在《独立宣言》中所称的:"我们认为以下真理是自明的,人人生而平等,他们被他们的造物主赋予了某些不可剥夺的权利,其中包括生命、自由和追求幸福的权利。"

---

① 吴增定:《有朽者的不朽:现代政治哲学的历史意识》,载《现代政治与自然》,上海人民出版社 2003 年版,第 257 页。
② Walter Berns, *In Defense of Liberal Democracy*, Chicago: Gateway, 1984, p. 9
③ 〔英〕洛克:《政府论》下篇,叶启芳、瞿菊农译,商务印书馆 1982 年版,第 3 页。
④ 同上书,第 4 页。

如果说每个人是生而平等并拥有不可剥夺的自然权利,自然法仅仅是引导人们发现这种自然权利和寻求以更好的方式保护这种自然权利,那么,建立在这种理论基础之上的宪法必定是一种人为的创造,使得基于每个人的同意而建立的政治社会可以更好地保护人们的自然权利。宪法本身不是对某种更为高级的法的表达和模仿,并非"不完美的人最为完美地复制了布莱克斯通所尊为'区分善恶的、永恒不变的法'"。① 相反,既然自然是贫瘠的,既然人的创造力能够创造出远胜于自然的财富,那么在政治社会中,人类也能够通过自身的创造力来设计一种能够更好地保护人们自然权利的政治社会以及政治宪法。

美国宪法的制定者们无疑是这样看待自身所创造的宪法的。在为新宪法而辩护的《联邦论》中,普布里乌斯在一开始就陈述了新宪法的人为特征:"人类社会是否真能通过反思(reflection)和选择(choice)建立良好的政府?还是命中注定要依赖机遇(accident)和强力(force)建立政治制度?人们反复指出,这个重大问题看来是要留给这个国家的人民,要他们采取行动,树立榜样。如果真的如此,我们当前所处的危机时刻就正是恰当地解决这个问题的时候,从此看来,倘若我们选错了要扮演的角色,理应视为人类普遍的不幸。"② 反思和选择,这意味着新宪法必定是通过人类的理智和意愿而制定的,新宪法并非一种对永恒自然法的模仿和复制,在模

---

① 参见罗西特为考文所撰写的序言,〔美〕爱德华·S.考文:《美国宪法的"高级法"背景》,强世功译,生活·读书·新知三联书店1996年版,序言第Ⅱ页。
② 〔美〕亚历山大·汉密尔顿、詹姆斯·麦迪逊、约翰·杰伊:《联邦论》,尹宣译,译林出版社2010年版,第1页。

仿和复制的模式下，不存在选择的可能。

新的宪法是人为设计和制定的，同时这种宪法的权力也最终来源于人民。在新的自然权利体系下，除非获取被统治者的同意，任何人都无权宣称他能够合法地统治他人，即使它在智慧、美德、身世、传统或财产上拥有无可比拟的优越性。在《联邦论》中，我们看到了普布里乌斯继承了《独立宣言》中所阐述的这种政治合法性的原则，一再地强调了联邦宪法的这种特征："必须把我们全国政府的基础，扎得更深，不仅仅得到各邦议会的授权。美利坚帝国的政府结构，应该植根于人民同意这土壤基础。全国政府的权力，应该直接发源于所有合法权威的清纯之泉。"①在普布里乌斯看来，"人民是权力的唯一合法基础，起草宪法的权力，正是来自人民，而政府的各个部门，则从宪法获得授权"。②联邦宪法的确是一种人为的创造，但人为的创造并不意味着这种创造可以恣意妄为，相反，这种创造必须尊重人类无法创造的某些法则。正如建筑师的设计无法不考虑地球引力一样，宪法的制定者们也无法跳出自然权利的体系，宪法的合法性依赖于对于人民自然权利的保障。

五、赛先生引导下的德先生：意志与实证法理论的欠缺

如果说高级法蓝本理论混淆了古典自然法与现代自然权利，从

---

① 〔美〕亚历山大·汉密尔顿、詹姆斯·麦迪逊、约翰·杰伊：《联邦论》，尹宣译，译林出版社2010年版，第148页。
② 同上书，第342页。

而误解了美国宪法的性质。那么作为民主意志与实证法的美国宪法是否更为符合美国宪法的本质？毕竟，在宪法序言中，宪法明确表达了联邦宪法的制定主体是"我们合众国人民"（尽管起草者只是一群制宪会议的代表），美国宪法更接近于人民民主意志与实证法的传统。

但是，联邦宪法又不仅仅是一种民主意志的表达，民主意志只为联邦宪法奠定了合法性的基础，而制宪者们所要追求的则是建立一种"良好的政府"。这就要求人民运用理性来引导意志，运用赛先生来引导德先生，"通过反思和选择"而不是"依赖机遇和强力"来建立政治制度和宪法。所谓不是依赖机遇，意味着政治制度和宪法不是一种碰巧和盲目的设计和选择，它是经过深思熟虑和反复思考的；所谓不是依赖强力，则意味着政治制度和宪法是人民的真正选择，它体现了人民的真正意愿。联邦宪法建立在"选择"的基础上，但它是在"反思"的基础上进行的"选择"，是一种理性引导下的意志抉择："虽然选择是从意志（will）出发的，但它是经由理性思考的意志（reasoned will），已经把那些反复无常或一时冲动剔除在外了"。①

在《联邦论》中，我们可以随处看到这种对于理性的依赖和呼唤。在第一篇中，普布里乌斯提到，推行新宪法的最大阻力在于某些人的私人利益和膨胀的野心，"各邦都有一批人物，他们的利益，决定他们要抵制改革：唯恐改革降低他们在各邦现存政府里的官

---

① 〔美〕曼斯菲尔德：《社会科学与美国宪法》，汪庆华译，载《宪法与公民》，赵晓力编，上海人民出版社2004年版，第109页。

职、权力、薪俸、地位。还有一批人物,野心膨胀,欲趁本邦混乱之机,扶摇而上",但他很快就对这种思考路径进行了否定,"任何一类人物,仅仅因为他们处境可疑,就把他们的反对,归结为自私狂妄,并不实事求是"。论辩对手固然可能因为野心、敌意、嫉妒、恐惧和利益而陷入误解和偏见,但是如果因为这种对动机的怀疑而不听取对方的声音,不能以谨慎的态度对待,甚至"想用剑与火迫使人改变",这将是非常荒谬的。① 在该书作者看来,动机应该存在于人的心中,而见解则应当向大众公布,由大众通过理性的思考来辨别和鉴定是否应当接受新的宪法:"平心而论,这套方案,只是推荐,并不强加于人。大家记住,推荐的这套方案,只是要求大家实事求是,既不要求盲目批准,也不希望盲目拒绝。可是这场讨论,庄严肃穆,问题的广度和深度,要求庄严肃穆,也应该受到庄严肃穆的对待。"②

普布里乌斯不仅仅希望在批准宪法的过程中看到人民能够最大限度地运用理性,而且,在论述宪法设计的各项制度中,普布里乌斯也同样希望能够通过宪法的设计唤起人民的理性。在《联邦论》第四十九篇中,对于杰斐逊所提出的,只要两个政府部门中的大多数成员提出,便可以举行民意大会以修改宪法,普布里乌斯认为,这种频繁而不定期地诉诸公众激情,打破公共安宁的做法,是非常危险的。因为"现存各种宪法,都是在危急之中制成的,危急

---

① 〔美〕亚历山大·汉密尔顿、詹姆斯·麦迪逊、约翰·杰伊:《联邦论》,尹宣译,译林出版社2010年版,第2页。
② 同上书,第9页。

压住了民众对秩序与和谐的不友好的激情；人民对爱国领袖的热烈信心，阻碍了人民对国家大事的正常的意见分歧；由于对旧政府形式的热忱，从事改革时，既没有党派精神的左右，也还没有出现需要纠正的权力"。①但是，未来则不一定有这样的保障来消除这种安全，议会可能由于更加接近民意，而成为整个民意大会的裁判者；即使在有的情况下议会太过张扬，人民偏向行政权和司法权，"也决不能指望民众的决定，会根据真正的是非曲直来解决问题。民众的决定，不可避免地与已存在的党派有关，或与争论这个问题过程中兴起的党派有关，或与争论这个问题过程中兴起的党派精神有关。民众的决定，会与性格突出、社会影响广泛的个人有关"。在这种情况下，"坐在裁决席位上的，不是公众的理性，而是他们的激情"。在普布里乌斯看来，这种制度设计所导致的结果显然是与理想的共和政府背道而驰的，因为"应该控制和规范政府的，只是公众的理性。激情应该由政府来控制和规范"。②

利用政府和宪法制度来控制激情，使人民的理性能够最大限度地影响国家，这在《联邦论》第十篇中得到了最好的阐释。在该篇中，普布里乌斯首先将党争视为"受某种共同激情、共同利益驱使，联合起来，采取行动，不顾其他公民利益，不顾整个社会的长远利益、集合利益"的偏私的公民群体。普布里乌斯认为，完全消除党争是不可能的，因为不能摧毁公民权利，也不能使全体公民利益相

---

① 〔美〕亚历山大·汉密尔顿、詹姆斯·麦迪逊、约翰·杰伊：《联邦论》，尹宣译，译林出版社2010年版，第344页。
② 同上书，第345页。

同、激情相同、观点相同,"只要人的理性和自爱继续相连,人的意见和激情,就会循环往复相互影响;观点总是激情的依附对象。人的才智,千差万别,于是生出产权,构成无法逾越的障碍,永不可能实现人人利益均等"。①"党派活动的潜在成因,植根于人的本性"②,对于党争,只能控制其后果,而不能消除其成因。在普布里乌斯看来,对于党争这种疾病,最好的疗法就是以代议制为特征的大国共和制,因为幅员辽阔的共和国更能选出公共利益的保护人,其议员更能代表广泛的观点,德才兼备的人当选的机会也越大。在这种大国共和制度下,党派活动的影响力将被集中在局部,而不会蔓延到整个联邦。

从普布里乌斯对于党争的分析可以看出,普布里乌斯并不像卢梭一样,对于形成某种实质性的公意(general will)抱有很高的期望。在卢梭的政治哲学图景中,具有统一民主意志的德先生具有最高的价值,每个人可能有许多特定的意图,但是危害公共利益的党争是没有地位的,因为"我们每个人都以其自身及其全部的力量共同置于公意的最高指导之下,并且我们在共同体中接纳每一个成员作为全体之不可分割的一部分"。③而对于普布里乌斯来说,迫使个人自由,使得全体公民利益相同,这是一个不可能的选项,对于公共利益的诉求只能通过制度来控制人们的激情和偏私,使得民众认识的理性不至于为激情和偏私所影响,从而使得民众的选

---

① 〔美〕亚历山大·汉密尔顿、詹姆斯·麦迪逊、约翰·杰伊:《联邦论》,尹宣译,译林出版社2010年版,第59页。
② 同上书,第60页。
③ 〔法〕卢梭:《社会契约论》,何兆武译,商务印书馆1982年版,第20页。

择能够"基于真正的自身利益,明智估算利弊"。^①在卢梭诉诸公意的地方,普布里乌斯诉诸个人意志;在卢梭诉诸激情的地方,普布里乌斯则诉诸理性。^②

因此,我们可以说,在美国制宪者看来,联邦宪法虽然遵循了人民主权的原则,但这种人民主权原则并不是一种卢梭式的人民主权,人民并非因为某种结盟行动而成为具有公共人格和公共意志的共同体,所有的个体自由都统一于这样一个最高的主权者当中。当个体的选择和"公意"背道而驰时,这种自由将被视为是不自由的,必须"迫使他自由"。相反,在美国宪法中,德先生必须由赛先生加以引导,人民主权应当是一种基于理性引导之下的意志,真实的意志意味着理性所过滤的个人选择。

六、结论

通过上文的分析可以看出,美国制宪者们将美国宪法视为建立在自然权利基石上的实证宪法。这种宪法观既不同于传统自然法理论中的那种宣布或复制高级法的概念,也不同于卢梭式的人民主权理论下的宪法。在政治哲学的层面,它否定了寻找超验自然

---

① 〔美〕亚历山大·汉密尔顿、詹姆斯·麦迪逊、约翰·杰伊:《联邦论》,尹宣译,译林出版社2010年版,第1页。
② "像其他现代人一样,卢梭相信灵魂中唯一真实的力量就是激情,而且,灵魂中没有其他力量能够控制各种激情。激情必须由激情来控制。"Alan Bloom: Rousseau—The Turning Point, in Allan David Bloom (ed.), *Confronting the Constitution, The Challenge to Locke, Montesquieu, Jefferson and the Federalists From Utilitarianism, Historicism, Marxism, Freudianism, Pragmatism, Existentialism*, Washington, DC: The AEI Press, 1990, p.216.

法的可能,提倡设计一种建立在德先生基础上的人为宪法;但在政治科学的层面,它又强调理性的引导,试图通过宪法这一工具为不受限制的意志设置过滤器和催化剂,过滤非理性的意志,催化理性的意志。美国的制宪者们试图寻找美国宪法中的平衡与和谐:以赛先生引导德先生,同时要求赛先生接受德先生的检验,最终以德先生作为正当性的渊源。

德先生与赛先生的两种视角不仅是思考美国宪法本质的重要工具,而且几乎构成了所有美国宪法理论的思考起点。在后文中我们将看到,在美国宪法的讨论中,我们将能看到各种变异形态的德先生与赛先生的对立与紧张。例如,我们可以看到政治与宪法的对立,民主与权利的对立,意志与理性的对立,在所有这些二元的思考框架中,政治、民主与意志都接近于德先生的体现,而宪法、权利、理性这些概念则接近于赛先生的化身。如何分析与调和宪法中的德先生与赛先生,成为美国宪法中一个永恒的议题。

第二章

宪法文化与宪法变迁

——辩证视野下的民主政治与宪法解释

如同上一章结尾所述,政治与宪法的对立正是德先生与赛先生的对立。在经典的宪法理论中,这一对对立范畴的关系是清晰的。民主政治可以通过正式的修宪程序修改宪法,而宪法则应当在日常政治中约束民主政治。如果宪法未经修改,日常政治不得通过一般性的民主程序而随意修改或影响宪法。

但这一经典宪法理论对于政治与宪法,德先生与赛先生的思考是否正确?宪法的变迁是否只能通过正式的修宪程序来完成?本章将通过对宪法文化这一概念的分析来反思这一经典的宪法理论。

近年来,对美国宪法文化的研究已经成为一个新的热点,很多学者不再仅仅关注最高法院的正式宪法解释,而是把目光投向了普通人对于宪法的理解,并以此为切入点来反思美国宪法和宪法的基本理论。例如,耶鲁大学法学院院长、著名宪法学家罗伯特·波斯特(Robert Post)在为《哈佛法律评论》撰写的 2002 年度最高法院回顾中,以宪法文化(constitutional culture)的概念分析了当年最高法院几个最重要的判决。① 颇具影响力的宪法学教授里瓦·西格尔(Reva Siegel)和杰克·巴尔金教授(Jack Balkin)运用了宪法文化的概念分析了对宪法第十四修正案理解的变迁和美国宪法的演变逻辑。② 此外,其他学者也从各个层面运用宪法文化的概念来解释美国宪法问题。③

本章将从美国宪法学中的宪法文化转向切入,分析这一转向所

---

① Robert C. Post, "Foreword: Fashioning the Legal Constitution: Culture, Courts, and Law", 117 *Harv. L. Rev.* 4 (2003).

② Reva B. Siegel, "Constitutional Culture, Social Movement Conflict and Constitutional Change: The Case of the de facto ERA", 94 *Cal. L. Rev.* 1323(2006); Jack Balkin, *Living Originalism*, Cambridge: Harvard University Press, 2011, chapter 13.

③ Robert Nagel, *Constitutional Cultures*, Berkeley: University of California Press, 1989; Van Burkleo, Sandra, Kaczorowski, Robert J., and Hall, Kermit (eds.), *Constitutionalism and American Culture: Writing the New Constitutional History*, Lawrence: University Press of Kansas, 2002; David E. Kyvig, *The Age of Impeachment: American Constitutional Culture since 1960*, Lawrence: University Press of Kansas, 2008; Sandra F. VanBurkleo, *"Belonging to the World": Women's Rights and American Constitutional Culture*, New York: Oxford University Press, 2001; Ferejohn, J, K. Rakove and J. Riley (eds), *Constitutional Culture and Democratic Rule*, Cambridge: Cambridge University Press, 2001; Jason Mazzone, "The Creation of a Constitutional Culture", 40 *Tulsa L. Rev.* 671 (2004); Bruce P. Frohnen, "Law's Culture: Conservatism and the American Constitutional Order", 27 *Harv. J.L. & Pub. Poly* 459 (2004); Richard S. Kay, "Constitutional Cultures: Constitutional Law", *U. Chi. L. Rev.* 57; Doni Gewirtzman, "Glory Days: Popular Constitutionalism, Nostalgia, and the True Nature of Constitutional Culture", 93 *Geo. L. J.* 897 (2005); Doni Gewirtzman, "Our Founding Feelings: Emotion, Commitment, and Imagination in Constitutional Culture", 43 *U. Rich. L. Rev.* 623 (2009); Jeffrey Goldsworthy, "Constitutional Cultures, Democracy, and Unwritten Principles", *U. Ill. L. Rev.* 68(2012); Michal Jan Rozbicki, "Constitutions, Culture, and History", 57 *St. Louis U. L. J.* 447(2013).

带来的启示。首先,本章将指出,美国宪法学的宪法文化转向是出于对美国宪法变迁的一种理论回应,经典的宪法理论认为宪法只能通过修宪来完成修改,但这一理论不足以解释美国宪法的历史与经验。在民主政治中,普通民众虽然无法直接参与宪法解释,但他们对于宪法的理解或宪法文化对于宪法的正式解释具有重要影响。其次,同样重要的是,宪法文化虽然会对宪法解释产生重大影响,但宪法解释并非宪法文化的简单反射,宪法解释也同样可以制约和规训宪法文化。

基于这种关系,本章提出应当以辩证的方式思考宪法与政治的关系。一方面,宪法的最终正当性来源于政治中的人民意志,宪法文化使得人民意志能够最终传递给法院和宪法解释,保证宪法始终拥有很高的合法性;另一方面,政治也仍然会受到宪法的约束和规范,宪法的正式解释可以影响宪法文化和规训人民,从而防止政治堕入无序或混乱的状态。

一、何谓宪法文化?为何要研究宪法文化?

1. 何谓宪法文化

法律文化并没有一个精确的定义,但在美国法学学术界,很多学者都在某种意义上使用它,他们将法律文化视为大众对于法律的一般性知识。例如劳伦斯·弗里德曼(Lawrence M. Friedman)教授认为,法律文化"包括了大众对于法律体系的了解、态度或行为模式",人民是否认为法庭是公正的,以及人民对于法律及其合法性的一般性知识。①

同样,宪法文化虽然也不具有统一的用法②,但宪法学者近年来却采取了一个具有相对共识性的定义,这就是将宪法文化定义为大众对于宪法的一般性知识。这种一般性知识并不一定是对宪法的精确性解释,而是一种可以包含多种倾向和立场的宪法态度。例如,简森·马钟教授(Jason Mazzone)将宪法文化定义为"包含了普通公民对于宪法的一系列态度,例如:普通公民是否认识并接受一部创制政府机构和限制政府权力的成文宪法的统治;宪法是为公民所创制的;宪法并不是永久性的,公民可以在某些时刻进行修改;即使不同意宪法判决,在修订宪法之前也必须遵循它"。③波斯特教授也指出,他所使用的宪法文化的概念指的是一种"非司法机关所拥有的信仰和价值",这种信仰和价值与司法机关所作出的正式的宪法解释相对。④

因此,宪法文化的研究并不仅仅关注正式宪法解释机关所进行的宪法解释,而且也关注其他宪法解释主体所起的作用。如同西格尔所言,她所进行的宪法文化的研究,其关注的重点并不是官员或法官对于宪法的态度和理解,而更多的是关注普通公民对于宪

---

① 参见 Lawrence M. Friedman, *The Legal System: A Social Science Perspective*, New York: Russell Sage Foundation, 1975, pp. 193—194。

② 例如,论奎斯特和斯卡利亚法官都曾经在判决书中引用过宪法文化的概念,但他们的理解非常不同,参见 Lucas v. South Carolina Coastal Council, 505 U.S. 1003, 1028(1992); Planned Parenthood of Southeastern Pa. v. Casey, 505 U.S. 833 (1992), p. 957。

③ Jason Mazzone, "The Creation of Constitutional Culture", 40 *Tulsa L. Rev.* 671 (2005), p. 672。

④ Robert C. Post, "Foreword: Fashioning the Legal Constitution: Culture, Courts, and Law", 117 *Harv. L. Rev.* 4 (2003), p. 7。

法的理解,借用宪法文化的概念来分析"公民与官员之间的互动如何影响宪法理解"。[①]在西格尔看来,公民并非是宪法解释的旁观者和简单的接受者,相反,公民通过正式和非正式的方式极大地影响了美国宪法解释。运用宪法文化的概念,可以很好地解释美国宪法解释中的这一现象。

在某种意义上,美国宪法学界对宪法文化的关注和所谓的大众宪法主义(popular constitutionalism)有着密切的联系。20 世纪 80 年代以来,美国最高法院开始加速右倾,民权时代的一系列成果面临着被推翻的威胁。出于这种担忧,一大批宪法学者开始反思最高法院垄断宪法解释权的特征,开始在理论上将人民纳入宪法解释的主体中。从基思·惠廷顿(Keith Whittington)教授[②]、桑福德·列文森(Sanford Levinson)教授[③]、理查德·帕克(Richard Parker)教授[④]、拉里·克雷默(Larry Kramer)教授[⑤]、杰里米·沃德龙(Jeremy Waldron)教授[⑥],到威廉姆·艾斯克里奇(William Eskridge)

[①] Reva B. Siegel, "Constitutional Culture, Social Movement Conflict and Constitutional Change: The Case of the de facto ERA", 94 *Cal. L. Rev.* 1323(2006), p.1325.

[②] Keith E. Whittington, "Extrajudicial Constitutional Interpretation: Three Objections and Responses", 80 *N. C. L. Rev.* 773 (2002).

[③] Sanford Levinson, *Our Undemocratic Constitution: Where Constitution Goes Wrong (And How We the People Can Correct It)*, Oxford: Oxford University Press, 2006.

[④] Richard D. Parker, "*Here, the People Rule*": *A Constitutional Populist Manifesto*, Cambridge, Mass.: Harvard University Press, 1994.

[⑤] Larry D. Kramer, "Popular Constitutionalism, Circa 2004", 92 *Cal. L. Rev.* 959 (2004); Larry D. Kramer, "The Supreme Court, 2000 Term—Foreword: We the Court", 115 *Harv. L. Rev.* 4 (2001).

[⑥] Jeremy Waldron, *Law and Disagreement*, Oxford: Oxford University Press, 1999.

教授①、斯蒂芬·葛林福（Stephen Griffin）教授②、詹姆斯·波普（James Gray Pope）教授③、马克·图示奈特（Mark Tushnet）教授④，他们都从不同层面开始思考大众宪法主义的可能性。

然而，从另一方面来看，大众宪法主义虽然提出了跳出法院视角，将人民纳入宪法解释思考的主张，但却和宪法文化的研究范式具有重要差别。大众宪法主义的一个重要假设是，当前的美国宪法不够民主，法院对于宪法解释的垄断、联邦制等多种宪法体制使得人民无法更多地参与和影响宪法。因此，大众宪法主义所得出的结论要么是修改美国宪法中的某些条款⑤，要么是让国会等分支承担宪法解释的职责。⑥相比之下，宪法文化的研究方式虽然也可能分享大众宪法主义的某些假设，但却更具体地分析了当前美国宪政体制下人民是如何参与和影响宪法解释的。因此，对宪法文化首先进行的研究是，当前的宪法文化是如何影响宪法解释的？

---

① William N. Eskridge, Jr., "Some Effects of Identity-Based Social Movements on Constitutional Law in the Twentieth Century", 100 *Mich. L. Rev.* 2062 (2002); William N. Eskridge, Jr., "Channeling: Identity-Based Social Movements and Public Law", 150 *U. Pa. L. Rev.* 419 (2001).

② Stephen M. Griffin, "What Is Constitutional Theory? The Newer Theory and the Decline of the Learned Tradition", 62 *S. Cal. L. Rev.* 493 (1989).

③ James Gray Pope, "Labor's Constitution of Freedom", 106 *YALE L. J.* 941 (1997); James Gray Pope, "Republican Moments: The Role of Direct Popular Power in the American Constitutional Order", 139 *U. Pa. L. Rev.* 287 (1990).

④ Mark Tushnet, *Taking The Constitution Away From The Courts*, Princeton: Princeton University Press, 1999.

⑤ 例如列文森教授，参见 Sanford Levinson, *Our Undemocratic Constitution: Where Constitution Goes Wrong (And How We the People Can Correct It)*, Oxford: Oxford University Press, 2006。

⑥ 例如沃德龙教授和图示奈特教授，参见 Jeremy Waldron, *Law and Disagreement*, Oxford: Oxford University Press, 1999; Mark Tushnet, *Taking The Constitution Away From The Courts*, Princeton: Princeton University Press, 1999。

宪法解释又将如何影响宪法文化？在此基础上，它将思考这种关系对宪法研究和宪法实践有什么启示。

2. 为何要研究宪法文化

在界定了宪法文化之后，另一个自然而然的问题是，为何要研究宪法文化？这种研究范式和现实社会中的美国宪法之间具有何种关系？

在某种程度上，可以说对宪法文化的研究正是对美国宪法的一个核心问题——美国宪法是如何变迁的——所作出的回应。在经典宪法理论中，美国宪法被认为是一个只能通过法院的解释来获取其真正含义的文本，人民对于宪法的参与只有一种途径，那就是根据美国《宪法》第 5 条启动修宪程序，通过宪法修正案的方式来完成对于宪法的修改。而一旦修宪程序失败，这就意味着宪法将保持之前的状态。即使超过多数或绝大多数的人民认为宪法应当修改也是如此。在很多人看来，这是由宪法的特征所决定的，宪法之所以设定这么高的修改门槛，本身就是为了防止宪法被变动的民意任意修改，从而保持宪法的稳定性。

但就美国宪法的修宪程序来说，其门槛之高的确超乎寻常。根据《宪法》第 5 条的规定，提出宪法修正案需要国会两院三分之二的议员或三分之二的州议会提出请求，而且，宪法修正案还需要经各州四分之三州议会或四分之三州制宪会议的批准。由于这一门槛如此之高，事实上宪法修正案被通过的难度相当大，尤其是在一些争议性较大的议题上，基本上杜绝了通过宪法修正案来修改宪法的可能。而美国宪法的修宪史也证明了这一点，两百多年来美国通过的宪法修正案数量非常有限,而最为重要的几个修正案,例如南北内战之后通过的第十三、十四、十五修正案,其实是在军事介入的情况下而强行通过的,本身可以说就是一种"非法"的修宪过程。

基于美国宪法的这种现实和特征,有的学者对这种宪法观提出了挑战,认为这种宪法观过于机械,不足以解释美国宪法变迁的现实。例如,阿克曼教授认为,美国人民很多时候是在《宪法》第 5 条之外参与宪法制定或修改的,他提出了所谓二元宪法观,认为在诸如建国、南北战争、民权革命等"宪法时刻"(constitutional moment)①,人民广泛地参与政治,从而实现了宪法革命或高级立法;而在其他时刻,美国宪法政治则退缩到了普通政治的模式,宪法的解释权更多落到了政府或政客的手里。②通过这种解释,阿克曼试图来阐述一种《宪法》第 5 条之外的人民参与宪法的理论。

但在研究宪法文化的学者看来,无论是人民通过《宪法》第 5 条参与宪法,还是阿克曼的二元主义理论,都存在着共同的问题:这就是没有看到普通时刻人民对于宪法或宪法解释的影响。而无视日常政治中人民对于宪法或宪法解释潜移默化的影响,就无法理解美国宪法变迁的真实历史。要理解现实社会中真实的宪法变迁,有必要引入宪法文化的概念重新进行思考。

---

① 参见 Bruce Ackerman, *We the People*, vol 1, *Foundations*, Cambridge: Harvard University Press, 1991; Bruce Ackerman, "The Storrs Lectures: Discovering the Constitution", 93 *Yale L. J.* 1013, 1022 (1984).
② Bruce Ackerman, *We the People*, vol 1, ibid., p. 263.

二、宪法文化如何影响宪法解释

宪法文化是否会影响宪法或宪法解释,这是研究宪法文化首先需要处理的问题。而对于这一问题,几乎所有的宪法文化研究者都给出了肯定的回答,并且从不同的角度进行了详细论证。

1. 波斯特教授的宪法文化研究

在关注宪法文化与正式宪法解释的文献中,波斯特教授的研究是颇为重要的一项。在发表于《哈佛法律评论》的年度最高法院回顾的文章中,波斯特教授首先选择了内华达人力资源部诉希布斯案(Nevada Department of Human Resources v. Hibbs)[①],以该案为例展示宪法文化是否会影响宪法或宪法解释。

而波斯特教授之所以选择这个案件,是因为这个案件涉及最高法院和国会在宪法解释权问题上的争议,展现了宪法解释与宪法文化的关系的有趣对照。一方面,最高法院一直宣称,法院对于宪法的理解和解释必须是完全独立的,不应当受到国会或其他宪法文化的任何影响,因为如果国会有权界定和解释宪法,那么宪法就可能不再是一种"通过普通途径无法改变的具有最高效力的法",宪法就可能成为一种"和其他普通立法相同层次的,只要立法机关愿意就可以随时更改的法律",而《宪法》第5条所规定的修宪程序就会形同虚设。[②]但另一方面,波斯特又通过细致而具有说服力

---

① Nev. Dep't of Human Res. v. Hibbs, 123 S. Ct. 1972 (2003).
② City of Boerne v. Flores, 521 U. S. 507, 529 (1997).

的分析，表明了最高法院的宪法解释并非完全独立，最高法院的宪法解释和国会立法所体现出来的宪法文化具有千丝万缕的联系。

具体来说，希布斯案涉及的是国会立法权和联邦制的问题。在美国的联邦制下，国会除了贸易条款（commerce clause）之外，还可以通过宪法第十四修正案中的第5条来制定法律介入州的事务，因为第5条规定：国会有权以适当立法实施本条规定，当州侵犯了第一款中规定的公民的特权或豁免权，剥夺了公民的生命、自由或财产，或者违反了公民的平等保护的时候，国会就有权制定相关法律。但是对于判断州是否没有保护公民权利以及国会是否有权立法，伦奎斯特法院则一直认为，这种权力属于法院而非国会所有。[①]解释宪法第十四修正案第1条的职能只属于法院，国会只能根据法院的判断来制定相应的法律。[②]在希布斯案中，争议的法律焦点是国会所制定的《医疗与假期法》（Family and Medical Leave Act），该法律规定，当雇员怀孕、需要抚养婴儿或家庭成员具有疾病时，任何州的雇主都必须为雇员提供最长达12个星期的带薪休假。[③]原告认为，国会的立法权超出了宪法第十四修正案第5条的规定。

按照一般的预期，最高法院应当会在这个案件中宣布国会的这项立法无效。因为该法案是以州未能保护性别平等的理由而进行立法的，而在以往的类似歧视类案件中，法院都否定了国会的立法权。例如在一个涉及美国反残疾人歧视法的案件中，法院否定了

---

① City of Boerne v. Flores, 521 U. S. 507 (1997).
② 参见 Kimel v. Florida Bd. of Regents, 528 U. S. 62, pp. 81, 88; Boerne v. Flores, 521 U. S. 507, p. 520。
③ 29 U. S. C. §2612(a)(1)(C) (2000).

州存在的残疾人歧视可以让国会借用第5条进行立法。①在另一个涉及年龄歧视的案件中,法院也同样否定了国会的第5条立法权。②而根据国会的立法记录,可以明显发现美国的残疾人歧视和年龄歧视要远远严重于性别歧视,因此,如果法院否定了国会在残疾人问题与年龄问题上的第5条立法权,那么它就更应当否定性别问题上的第5条立法权。然而,让人意想不到的是,法院最终以6∶3的判决作出维持《医疗与假期法》合宪的判决。

是什么原因导致法院作出这一决定呢？波斯特指出,多种证据表明,法院最主要的考虑之一是防止1964年的《民权法案》受到挑战和冲击。1964年《民权法案》第7条(Title VII)规定,雇主不得因为种族、肤色、宗教、性别或民族而歧视雇员。③如果法院在希布斯案中认定国会的第5条立法权无效,那么从逻辑上说,《民权法案》第7条也很可能会面临合宪性的质疑。而如果《民权法案》第7条无效,那将引起巨大的政治争议。④因此,法院在希布斯案中策略性地对性别歧视采取不同于残疾歧视和年龄歧视的审查标准⑤,从而作出了不同于以往的判决。

在波斯特看来,法院的这种态度转变和宪法文化具有密切的关系,在某种程度上,可以说正是国会等机构所反映出来的宪法文化

---

① Trustees of the University of Alabama v. Garrett, 531 U.S. 356 (2001).
② Kimel v. Florida Bd. of Regents, 528 U.S. 62.
③ 42 U.S.C. § 2000e-2.
④ Robert C. Post, Foreword: Fashioning the Legal Constitution: Culture, Courts, and Law, 117 *Harv. L. Rev.* 4 (2003), pp.19—25.
⑤ Nev. Dep't of Human Res. v. Hibbs, 123 S. Ct. 1972 (2003), p.1982.

影响和改变了最高法院对于相关法律问题的理解。①自从民权运动以来,性别平等已经越来越成为美国社会的共识,1964年的《民权法案》规定了就业领域的反性别歧视,1972年国会利用第5条制定了《平等雇佣机会法》(Equal Employment Opportunity Act)②,力图消除就业领域的性别歧视,而在这个时候,最高法院其实对于性别区别或歧视仍然只是采取了审查程度较低的合理性审查(rational basis review)。③但由于美国社会第二波女权主义的兴起,以国会为代表的其他政治机构越来越多地认识到性别歧视的严重性,这种态度最终传递到了美国最高法院,促使最高法院的态度发生了转变。在弗朗蒂诺诉理查德森案(Frontiero v. Richardson)中,最高法院承认了美国社会对于性别不平等问题上持有的宪法文化,并认可了这种宪法文化对于宪法解释的重要性。④而在希布斯案(Nevada Department of Human Resources v. Hibbs)中,最高法院虽然仍在口头上坚持自身在宪法解释中的绝对权威和独立性,但其实最高法院已经用实际行动表明,最高法院的权威宪法解释必然会受到宪法文化的影响。⑤

2. 西格尔教授的宪法文化与性别平等研究

西格尔教授是另一位关注宪法文化的著名学者。在关于美国

---

① Robert C. Post & Reva B. Siegel, "Legislative Constitutionalism and Section Five Power: Policentric Interpretation of the Family and Medical Leave Act", 112 *Yale L. J.* 1943, 1984—2004 (2003).
② Pub. L. No. 92—261, §2, 86 Stat. 103, 103 (1972).
③ Reed v. Reed, 404 U. S. 71 (1971), p. 76.
④ Frontiero v. Richardson, 411 U. S. 677 (1973).
⑤ Robert C. Post, "Foreword: Fashioning the Legal Constitution: Culture, Courts, and Law", 117 *Harv. L. Rev.* 4 (2003), pp. 40—41.

性别平等变迁的研究中,西格尔提出了和波斯特类似的问题:人们一般认为人民只能通过《宪法》第 5 条来修改宪法,一旦修宪程序失败,宪法将维持原状;但现实社会的情况却是,虽然美国 20 世纪七八十年代的《性别平等修正案》(Equal Rights Amendment)失败了,但在宪法实践中,却出现了一系列支持性别平等的案件,改变了对宪法的理解。①这些宪法案件对于性别平等保护的力度如此明显,以至于许多人将其称为"事实上的性别平等修正案"(de facto ERA)。②

西格尔认为,解释这一现象的答案在于宪法文化。通过分析《性别平等修正案》在美国社会引起的争论,西格尔发现,由性别平等所引发的争论显著地改变了美国社会的宪法文化,从而实现了法院正式宪法解释的转向。回顾这段历程,会发现宪法文化是如何通过社会运动与社会争论来影响宪法,从而实现"事实上的性别平等修正案"的。

在民权运动期间,性别平等的支持者们首先诉诸性别与种族的类比,以种族歧视来说明性别歧视的严重性。在这段时期,美国南部的《种族隔离法》(Jim Crow Laws)已经被社会广泛唾弃,为此,性别平等的支持者们将性别与种族做类比,向社会呼吁和揭露这些法律对女性造成的不公。例如,在肯尼迪政府女性身份委员会

---

① Reva B. Siegel, "Constitutional Culture, Social Movement Conflict and Constitutional Change: The Case of the de facto ERA", 94 *Cal. L. Rev.* 1323(2006), pp. 1323—1332.

② Michael C. Dorf, "Equal Protection Incorporation", 88 *Va. L. Rev.* 951 (2002), p. 985.

(Commission on the Status of Women)中任职的著名女性律师保利·穆锐(Pauli Murray)就将这些法律称为"女性隔离法"(Jane Crow Laws),认为它们违反了宪法第十四修正案的平等保护。①但人们对于性别的看法却仍然停留在男女有别的认识上,认为很多限制女性参与社会公共事务的法律要么是为了保护女性,要么是为了家庭需要,并不存在正当性的问题。直到1961年,最高法院还坚持认为,禁止女性参与陪审团的法律并不违宪,因为女性是"家庭生活的中心"。②当时的宪法文化还并未准备以宪法的平等保护来实现男女平等。

为了改变公众对于性别不平等的认识,性别平等的支持者们发起了许多著名的社会运动。例如,1970年,在美国女性获得投票权后的五十周年纪念日,全国女性组织(National Organization of Women)发起了一天的罢工,试图让全社会都意识到,女性仍然以二等公民的身份存在。而国会也对这种社会运动作出了回应,国会在就业、家庭养育、税收和其他方面都制定了禁止性别歧视的法律③,并最终在1972年由国会通过了《性别平等修正案》。该修正案规定,美国联邦和州都不得基于(on account of)性别而否定或削弱女性的平等权利,并且规定国会有权通过适当的立法来执行这条法律。接下来,只需要有四分之三的州议会通过该修正案,它就

---

① Pauli Murray & Mary O. Eastwood, "Jane Crow and the Law: Sex Discrimination and Title VII", 34 *Geo. Wash. L. Rev.* 232 (1965).

② Hoyt v. Florida, 368 U. S. 57 (1961).

③ 例如 Equal Employment Opportunity Act of 1972, Pub. L. No. 92—261, § 2, 86 Stat. 103。

能正式成为美国宪法的一部分。

然而在随后的时间里,《性别平等修正案》遭到保守派的反对,以菲丽丝·斯奇拉菲(Phyllis Schlafly)等人为代表的"阻止修正案"(STOP ERA)运动开始兴起。这场运动开始把该修正案描绘为一种破坏家庭、支持女性堕胎、允许同性恋婚姻的条款,而由于堕胎与同性恋婚姻在这些州仍然被视为违背社会主流价值的做法,因此当反对派把该修正案与这些行为结合起来后,该修正案在南部和西部等很多州遭到了强烈的反对,这最终导致了该修正案的流产。①

在西格尔看来,《性别平等修正案》虽然失败了,但围绕这一修正案而产生的公共讨论却极大地改变了双方的宪法文化。一方面,为了使得修正案能够得到通过,性别平等的支持者们对修正案采取了一种非常谨慎和狭窄的理解,他们声称,修正案将"不会改变或削弱家庭结构……不会要求州允许同性婚姻……不会对堕胎法具有任何影响"。②但另一方面,修正案的反对者也逐渐开始认同性别不平等的现实,并且为了说明修正案没有必要,他们主张以宪法的平等修正案来实现平等保护,通过法院解释第十四修正案的方式来审查某些基于性别的法律。以反对修正案而著称的参议员埃文说:"我的确相信,如果能够被正确地解释,那么平等保护条款

---

① 该修正案的流产和罗诉韦德案具有密切关联,该案判决后,反对者开始将《性别平等修正案》和堕胎问题联系起来,使得反对修正案的声音逐渐加大。
② Reva B. Siegel, "Constitutional Culture, Social Movement Conflict and Constitutional Change: The Case of the de facto ERA", 94 *Cal. L. Rev.* 1323(2006), p.1400.

将足以废除州法所制定的所有不平等的法律歧视。"① 而自从 20 世纪 70 年代起,法院也的确在一系列案件中开始对基于性别的法律进行审查。从里德案(Reed v. Reed)法院首次宣布在家庭中区分男女角色的法律是违宪的之后②,法院又在弗朗蒂诺案(Frontiero v. Richardson)③、克雷格案(Craig v. Boren)④等案件中进一步运用了宪法第十四修正案来审查性别区分的法律。而对于法院在里德案的做法,参议员埃文不仅没有表明反对,而且将其作为一个正面的例子,以此说明性别平等修正案的确没有必要。⑤ 如果没有社会广泛的运动和性别平等修宪案的强大动力,我们将很难想象一个保守派议员会对宪法第十四修正案采取这样的态度。

事实上,西格尔认为最能说明反对派态度转变,接受以第十四修正案来保护性别平等的当属著名保守派法官博克的态度转变。长期以来,博克法官被认为是坚持宪法原旨主义的代表人物,主张以宪法原旨来理解宪法。而在性别平等问题上,博克则一直反对以第十四修正案来保护女性,因为博克认为,宪法第十四修正案是针对美国种族问题而制定的,并没有反对性别区分。但当里根政府决定提名博克为最高法院大法官时,在司法部的协调下,博克还是改变了自身的态度。司法部的判断是,如果博克仍然坚持自己的个人观点,认为宪法不保护性别平等的话,那么对他的提名肯定

---

① Ibid., p.1403.
② Reed v. Reed, 404 U.S. 71(1971).
③ Frontiero v. Richardson, 411 U.S. 677 (1973).
④ Craig v. Boren, 429 U.S. 190 (1976).
⑤ Reva B. Siegel, "Constitutional Culture, Social Movement Conflict and Constitutional Change: The Case of the de facto ERA", 94 *Cal. L. Rev.* 1323(2006), p.1405.

无法获得国会以及美国人民的认可。①西格尔指出,博克法官态度的转变说明,"关于是否应当修宪的争论已经改变了公众对于宪法文本的理解",到了20世纪80年代,法院通过第十四修正案的解释而形成的事实上的性别平等法案已经被广为接受。②

正统的宪法解释理论认为,宪法解释只是法院的工作,不会受到公众和人民的影响。但关于《性别平等修正案》以及美国宪法解释变迁的研究却说明,宪法解释绝不是一个绝缘的过程,社会运动所造就的宪法文化会通过各种方式影响宪法文化。在围绕着宪法话语的争论中,立场对立的双方都会努力运用宪法去说服对方③,并会诉诸人民所共同接受和理解的宪法传统。④通过这种不断的争论,宪法解释虽然因此会发生变迁和改变,但正是通过这种人民对于宪法文化的不断参与以及对宪法正式解释的影响,宪法才保持了源源不断的活力与正当性。因此,在西格尔看来,宪法文化对于宪法的影响不仅仅是一种必然性的现实,而且是一种具有正面作用的宪法现象。⑤

3. 巴尔金教授的文化软件理论

巴尔金教授是另一位借用宪法文化概念来分析宪法变迁的学

---

① Ethan Bronner, *Battle for Justice: How the Bork Nomination Shook America*, New York: W. W. Norton & Co., 1989, pp. 251—260.
② Reva B. Siegel, "Constitutional Culture, Social Movement Conflict and Constitutional Change: The Case of the de facto ERA", 94 *Cal. L. Rev.* 1323(2006), p. 1411.
③ 西格尔将此称为宪法文化运作的"同意条件"(consent condition), Ibid., p. 1352.
④ 西格尔将此称为宪法文化运作的"公共价值条件"(public value condition), Ibid., p. 1354。
⑤ Ibid., p. 1419.

者。早在1988年,巴尔金就出版了一本名为《文化软件:一种意识形态的理论》的书籍,将"文化软件"定义为一种"文化理解的人类工具",一种"人类理解和建构其世界的由社会所产生和维持的方式"。①在这种"文化软件"的分析框架下,人类对于世界的认识和建构并不像古典自由主义所认为的那样,都是个体主义或各自独立的。因为在这种分析框架下,构成社会信息传播和复制的基本单位是可以被迅速复制和传播的文化基因(memes),因此社会中的个体必然会受到文化基因的影响,无论其自身是否意识到这一点。②在此书中,巴尔金以文化软件的理论分析了意识形态如何产生和传播,这种意识形态又如何影响到人们的法律判断。在其后的研究中,巴尔金的这种理论对其宪法研究产生了重要影响。和波斯特与西格尔一样,巴尔金同样认为,宪法可以通过修正案之外的方式实现宪法变迁。

首先,人民可以通过政党政治的方式改变宪法文化,从而最终改变宪法。就非正式的方式来说,不同政党都可以通过一系列正式或非正式的活动来提出自己的宪法主张,可以"通过智库、游说群体、诉讼组织、传媒、监督组织、公益律所以及其他的非政府组织来劝说人们采取他们的法律立场"。③经过长期的活动,不同政党的宪法主张可能会最终传递到法院,改变法院的宪法解释。而就正

---

① J. M. Balkin, *Cultural Software: a Theory of Ideology*, New Haven: Yale University Press, 1998, pp. 2—3.
② Ibid., p. 47.
③ Jack Balkin, *Living Originalism*, Cambridge: Harvard University Press, 2011, p. 82.

式的政党政治来说,人民则可以通过选举总统和国会的方式而改变法院的人员构成,从而改变法院的宪法解释。因为法官虽然具有自身的独立性,但是不同的法官仍然具有较为稳定的意识形态,其宪法立场和其被提名的总统与政党之间在更多的时候仍然会保持一致。因此,当人民持续性地选举某个政党的候选人为总统,那么其所提名的法官就会更多地与该政党和更多数的人民保持一致。美国宪法的这一特征,巴尔金称为"党派堡垒"(partisan entrenchment)①,政党通过诉诸人民,逐渐将自己属意的法官推进法院特别是最高法院,从而构建起一道党派堡垒。

除此之外,巴尔金也同样指出了社会运动对于改变宪法文化和宪法的作用,社会运动"会努力改变人们的私人倾向,以此来促进特别的法律改革",因此它"在改变文化的同时也改变法律"。②社会运动和政党组织的运动具有重叠之处,但它们更倾向于在党外进行活动。在社会运动的影响下,人民对于社会议题的改变将会改变他们对于宪法的看法或者说宪法文化,而宪法文化的转变则又会最终影响到法院的正式宪法解释。在美国宪法的历史上,这种转变可谓经常发生,民权运动、劳工运动、女权运动、同性恋运动、环境运动、反堕胎运动,都在很大程度上改变了美国的宪法文化并最终影响了正式宪法解释。

和西格尔一样,巴尔金不仅仅认为宪法文化会无可避免地影响

---

① Jack M. Balkin & Sanford Levinson,"Understanding the Constitutional Revolution",87 *Va. L. Rev.* 1045 (2001),p. 1066.

② Jack Balkin,*Living Originalism*,Cambridge:Harvard University Press,2011,p. 82

宪法解释,而且对这种影响持有相当正面的看法。首先,宪法文化会影响宪法解释,这并不意味着法院以及其他机构会不受宪法约束,因为每个机构和个体都处于相互制衡的社会中,他们会因为制度性和角色性的因素而受到宪法的制约。而另一方面,这种宪法文化可谓是正式宪法解释的源头活水,赋予了宪法经久不息的生命力。如同巴尔金所说:"社会中不同的群体争论宪法的实际含义,这是宪法变迁和宪法民主正当性的最终来源。"[1]

三、宪法解释如何影响宪法文化

如果说宪法文化会影响法院的正式宪法解释,那么法院的宪法解释对于宪法文化又意味着什么呢?宪法解释是否仅仅是宪法文化的反映,法院是否仅仅是社会意见的传声筒?

1. 波斯特:宪法解释对宪法文化的规训

对于这一疑问,波斯特作出了否定的回答。在他看来,宪法解释虽然最终会受到宪法文化的影响,并且其合法性也最终来源于宪法文化,但是作为正式宪法解释者的法院绝不是一个消极的机构。法院通过自身的法律专业性,将可以影响和"规训"(regulate)宪法文化。[2]

波斯特以同性恋问题为例,分析了法院如何积极地介入宪法文

---

[1] Jack Balkin, *Living Originalism*, Cambridge: Harvard University Press, 2011, p. 93.
[2] Robert C. Post, "Foreword: Fashioning the Legal Constitution: Culture, Courts, and Law", 117 *Harv. L. Rev.* 4 (2003), p. 8.

化。在同性恋议题上,美国社会一直处于一种针锋相对的状态,支持者和反对者的声音都很大。在 1986 年的鲍尔斯诉哈德威克案(Bowers v. Hardwick)中,最高法院曾经判决佐治亚州所制定的《鸡奸法案》不违反宪法第十四修正案的实质性正当程序条款。[①]但在法庭意见中,两派法官的意见发生了分歧,以怀特为代表的多数意见采取了所谓的传统进路,即认为实质性正当程序条款是保护美国历史与传统中的自由,而以布莱克门为代表的法官则采取了自治进路,认为实质性正当程序条款保护的是个人的自治与尊严。其后,在 2002 年的劳伦斯诉得克萨斯州案(Lawrence v. Texas)中,法庭推翻了鲍尔斯案的判决,认为《鸡奸法案》违宪。

波斯特在这里关注的并非宪法的判决结果,而是宪法的专业性技艺是如何处理和影响宪法文化的:在一个社会对于同性恋问题态度分歧和不明的社会,宪法解释如何回应宪法文化?

首先,尽管劳伦斯案推翻了鲍尔斯案,但劳伦斯案并没有采取布莱克门法官在鲍尔斯案中所陈述的自治进路,并没有将同性性行为本身视为一种宪法所应当保护的自由。相反,劳伦斯案指出,同性性行为是一种"个人关系"(personal relationship)[②],其关系的内在含义应当由个人而不是政府来界定。政府将这种个人关系界定为非法,这实质上是给公民制造了耻辱烙印和二等身份,违反了宪法实质性正当程序的保护。在波斯特看来,法院的这一宪法解释避免了自治进路可能存在的某些困难,如果所有的自治行为都

[①] Bowers v. Hardwick, 478 U. S. 186 (1986).
[②] Lawrence v. Texas, 123 S. Ct. 2472(2003), p.2484.

应当被宪法保护,那么禁止兽交的行为是否违宪呢?①

其次,法院在确定宪法保护是个人关系的同时,又将这种保护限定在严格的私领域,这又避免了法院在未来可能存在的许多宪法文化上的尴尬。如果不将个人关系限定在私领域,而将公共领域的个人关系也纳入宪法保护,那么法院很可能就会面临同性恋支持者的有力挑战,认为宪法应当支持同性婚姻。在宪法文化高度对抗的当时,法院还没有做好选择支持和反对同性婚姻的准备。②

最后,法院虽然采取了耻辱烙印和二等身份的提法,但却并没有以宪法平等保护和反歧视的框架来进行解释。因为一旦按照这一框架来处理问题,那么法院就同样会非常被动。如果要宣布《鸡奸法案》违宪,法院就需要将支持《鸡奸法案》的人定义为偏见者和顽固者。③而一旦法院这样做,这种介入社会宪法文化的方式就将引起社会中某些群体的反弹以及冲突。

相比以上提到的种种做法,法院的宪法解释可以更合理和有效地介入宪法文化。一方面,在宪法文化高度冲突的状态下,法院意识到自己没有准备好在有些议题上进行非此即彼的选择。将宪法文化的讨论更多地留给人民,这无疑是比较实用的选择。另一方面,法院在鲍尔斯案中也仍然表明了自己的宪法立场,并且通过强调"个人关系"保护凸显了同性性行为的正面性。这样,法院也以

---

① Robert C. Post, "Foreword: Fashioning the Legal Constitution: Culture, Courts, and Law", 117 *Harv. L. Rev.* 4 (2003), pp. 102—103.
② Ibid., pp. 103—104.
③ Ibid., p. 100.

一种"强调反歧视正面价值"的方式介入了社会宪法文化的讨论中去。①

2. 巴尔金:作为宪法文化参与者的最高法院

和波斯特一样,巴尔金也认为作为宪法正式解释者的最高法院不仅仅是宪法文化的消极反映者,他形象性地指出,最高法院是一个宪法文化的参与者(player),而不是一面镜子(mirror)。②最高法院可以利用自己的制度以及角色等因素来保持自身一定的独立性,从而影响社会的宪法文化。

首先,最高法院法官的终身制保证了法官可以保持相对的独立性。在关于宪法文化影响宪法解释的分析中,巴尔金以总统的党派提名来说明人民对于选择法官的影响,但是这种影响毕竟是具有延时性的,总统不可能马上改变法官的人员构成。因此,最高法院在和大众宪法文化的对话与参与中,可以在一定程度上保持自身的立场,而不是简单地选择和遵从社会中占主流地位的宪法文化。例如,在富兰克林·罗斯福总统的第一个任期中,最高法院就采取了和社会主流宪法文化抵抗的态度,采取了放任自由主义的宪法解释。而在20世纪60年代,由于最高法院的自由派大法官占据优势,因此虽然社会主流的宪法文化不支持某些民权运动,但最高法院却更多地站在了民权运动者一边。③

---

① Robert C. Post, "Foreword: Fashioning the Legal Constitution: Culture, Courts, and Law", 117 *Harv. L. Rev.* 4 (2003), p.101.
② Jack Balkin, *Living Originalism*, Cambridge: Harvard University Press, 2011, p.287.
③ Ibid., p.289.

其次,由于法官位于精英阶层,他们的宪法倾向一般来说也更倾向于精英阶层,这会在很多时候使他们与普通民众的宪法文化保持一定的距离。而且,虽然最高法院的大法官常常可以按政治倾向而分为保守派和自由派,但在具体法律问题的判断上,他们也并不一定完全按照严格的意识形态而划分阵营。①我们经常可以看到保守派的法官加入自由派法官所撰写的多数意见,也可以看到自由派法官之间持有不同的法律立场。而相比起来,由于美国社会的政治具有明显的政党政治的特征,社会更容易出现群体极化,宪法文化也更容易出现两极分化的可能。因此,虽然最高法院的宪法解释也会出现自由派和保守派的立场问题,但他们经常跨党派的宪法解释无疑会为社会的宪法文化引入新的视角,在一定程度上防止宪法文化出现二元化的僵局。②

再次,最高法院也同时在宪法议题的设定等方面掌握着主动权,从而也掌握了影响宪法文化的主动权。我们知道,美国最高法院每年接受的案件并不多,法院愿意接受什么样的案件,这完全取决于最高法院自身的决定。③而一旦法院接受了某个案件并作出判决,那么该议题必然更可能成为宪法文化辩论的关注焦点。而且,不仅仅是宪法议题本身,最高法院论述宪法问题的角度,所采取的

---

① 对于法官的政治立场对于其判决的影响,参见 Cass R. Sunstein, David Schkade, Lisa M. Ellman, Andres Sawicki, *Are Judges Political?: An Empirical Analysis of the Federal Judiciary*, Washington: Brookings Institution, 2006。

② Jack Balkin, *Living Originalism*, Cambridge: Harvard University Press, 2011, p. 291.

③ 参见 H. W. Perry, *Deciding to Decide: Agenda Setting in the United States Supreme Court*, Cambridge, Mass.: Harvard University Press, 1991。

法律策略也必将影响宪法文化,影响人民谈论宪法议题的进路和立场。

最后,由于最高法院较高的权威,最高法院的宪法判决仍然具有极高的象征性和正当性,成为影响宪法文化的重要力量。即使社会某一派的宪法文化认为最高法院的判决判错了,对于最高法院的宪法判决,社会中的宪法文化也都会给与足够的尊重和认可。因此,最高法院的宪法解释虽然不可能左右宪法文化,但显然是影响宪法文化的重要力量。①

3. 小结:法院与宪法解释的力量

相比起宪法文化对于宪法解释的影响,宪法解释对于宪法文化的影响其实更容易理解。这其中的一个重要原因是,这种影响正是现代美国社会的写照。自从 20 世纪五六十年代以来,美国最高法院所作出的很多经典判决极大地影响了美国社会,尤其是布朗诉教育委员会案件,可以说引领了宪法文化的发展。在 2014 年出版的新书《我们人民:民权革命》一书中,阿克曼写道:"布朗诉教育委员会使得种族平等问题成为一代人的核心议题,迫使艾森豪威尔和国会都不得不面对这些他们可能希望回避的问题。"②通过布朗案的判决,最高法院使得种族平等问题成为美国宪法文化的中心议题,极大地影响了美国宪法文化的讨论和发展。

在一定意义上,美国当代的宪法理论都在处理这种影响的正当

---

① Jack Balkin, *Living Originalism*, Cambridge: Harvard University Press, 2011, p.293.

② Bruce Ackerman, *We the People: Civil Rights Revolution*, Volume 3, Cambridge, Mass.: Harvard University Press, 1991.

性问题:法院作为一个非民选机构,其作出的宪法解释为何就是最权威的,其对于宪法文化的影响是否具有正当性? 从毕克尔①、伊利②,到阿克曼③,最优秀的学者都在为解决这一难题而绞尽脑汁。这里显然不是讨论这一问题的合适时机,但这些宪法理论本身至少说明,宪法解释对于宪法文化的巨大影响是一个不争的事实。

四、关于宪法文化的争议

对宪法文化的研究在产生了巨大影响的同时,也引起了不少的争议和批判。这里以具有代表性的罗宾·韦斯特(Robin West)教授的意见为例,分析宪法文化这一进路受到的批判和质疑。

在回应西格尔的性别平等问题的研究中,韦斯特教授分析了宪法文化的进路潜在的几层危险。第一是暴民政治的危险。韦斯特指出,宪法文化的进路强调了大众对于宪法的非正式解释和看法,并且认可了大众的宪法观对于正式宪法解释的影响,这可能会导致正式宪法解释的权威性受损。因为大众很可能会坚信自己的宪法观,彻底质疑法院宪法解释的正当性。在一定情况下,民众甚至可能会诉诸街头政治或其他手段来影响宪法解释。④在这一点上,

---

① Alexander Bickel, *The Least Dangerous Branch: The Supreme Court at the Bar of Politics*, Indianapolis: Bobbs-Merrill, 1962.
② John Hart Ely, *Democracy and Distrust: A Theory of Judicial Review*, Cambridge, Mass.: Harvard University Press, 1980.
③ Bruce Ackerman, "The Storrs Lectures: Discovering the Constitution", 93 *Yale L. J.* 1013(1989).
④ Robin L. West, "Constitutional Culture or Ordinary Politics: A Reply to Reva Siegel", 94 *Cal. L. Rev.* 1465 (2006), pp.1482—1483.

宪法文化的进路可以说比其他的大众宪法主义（popular constitutionalism）的主张更为危险，因为大众宪法主义虽然反对法院对于宪法解释的垄断，但大众宪法主义并未主张大众对于宪法解释的权力，而更多的是让国会或其他机构来解释宪法。①

韦斯特指出的第二种风险是路径依赖和历史导向。因为宪法文化的进路强调将政治纳入宪法文化的范畴，这就意味着人们必须用已经存在的正式宪法解释或宪法文化来探讨政治问题，而不是直接面对政治问题本身来进行后果考量。例如对于堕胎问题，当堕胎成为一个宪法议题之后，对于堕胎问题的讨论就变成堕胎权和避孕权的类比问题，而不会将重点放在堕胎对于女性、胎儿、社会到底意味着什么上面。在韦斯特看来，这种历史导向的讨论方式将会使现实政治变得僵化。特别是在高度个人主义、消极自由主义的美国宪法文化中，以宪法文化的进路来讨论很多政治问题，这可能使得美国的政治难以实现根本性的变革。例如对于某些弱势群体的平等保护，如果以宪法文化的方式来进行讨论，那么运用的话语可能更多是反歧视或反区分（anti-discrimination）的平等，而不是侧重于对弱势群体进行帮助的保护。②

韦斯特可以说从宪法与政治两个角度同时批判了对宪法文化的研究。从宪法的角度来说，宪法文化的进路可能会使得宪法解

---

① Larry Kramer, *The People Themselves*: *Popular Constitutionalism and Judicial Review*, Oxford: Oxford University Press, 2004; Mark Tushnet, *Taking the Constitution Away from the Courts*, Princeton: Princeton University Press, 1999.

② Robin L. West, "Constitutional Culture or Ordinary Politics: A Reply to Reva Siegel", 94 *Cal. L. Rev.* 1465 (2006), 1483—1484.

释不够权威,从而不够约束民主政治;而从政治的角度来说,宪法文化的进路可能会使得政治运行不畅,宪法文化的约束可能会使得民主政治无法实现有效的变革。

韦斯特教授所提出的两种危险的确不容忽视。然而,悖论的是,韦斯特教授所提出的这两种危险恰巧是相互背离的。当韦斯特担心宪法解释权威不足的时候,他其实更多地看到了民主的缺点和宪法的有效性;而当韦斯特担心民主政治运行的时候,他其实更多地又看到了宪法的缺点和民主的有效性。希望同时发挥宪法与民主政治的优点和有效性,这可以理解,但问题是我们必须从理论上保持分析的一致性,必须认识到我们不可能完美地发挥宪法和民主的优点。宪法文化的研究进路恰巧采取了一种辩证的视角,看到了宪法和民主都可能存在的问题,试图通过对二者的分析来产生一种较好的辩证关系。分析宪法文化对于宪法正式解释的影响,这实际上就是为了发挥民主政治的优点,克服宪法正式解释有可能产生的僵化性。而坚持宪法对于民主政治的约束性和规训,就是为了发挥宪法的优点,克服民主政治可能产生的无序政治和暴民政治。[1]

五、结论与启示

正统的宪法理论告诉我们,宪法的作用在于约束政治,只要宪

---

[1] Robert C. Post, "Foreword: Fashioning the Legal Constitution: Culture, Courts, and Law", 117 *Harv. L. Rev.* 4 (2003), p.8.

法没有被修改,政治就应当在宪法之下运行。在这一正统的宪法理论之下,人民参与和影响宪法的唯一时机和方式在于修宪,通过修宪,人民可以改变宪法的原旨,实现新的宪法之治。但是对宪法文化的研究告诉我们,这种简单机械的宪法理论并不足以解释宪法运行的现实。通过对美国宪法的历史与社会分析,可以发现,美国人民不仅仅在制宪时刻——无论是正式修宪还是阿克曼所说的宪政时刻的修宪——改变和影响宪法,而且在日常政治中也同样时时刻刻地影响着宪法或宪法解释。通过宪法文化这一媒介,人民可以通过德先生(民主政治)而影响宪法,另一方面,宪法也可以通过法院的赛先生(科学理性)而规训或引领人民。

对宪法文化的研究不仅仅在描述性的层面断言了宪法与政治的辩证关系,认为二者的相互影响不可避免,而且在规范层面上也对这种关系作出了肯定的回答。相比起很多认为宪法解释应当隔绝于宪法的学者[1],关注宪法文化的学者看到了宪法与政治相互影响的正面意义。由于宪法文化的存在,人民意志将能够最终传递给法院和宪法解释,保证宪法始终拥有很高的合法性[2],而政治则会受到宪法的约束和规范,防止无序或混乱状态的出现。借由宪法文化这一媒介,宪法与政治或许能够在辩证的互动关系中同时发挥各自的优势。

---

[1] Antonin Scalia, "Originalism: The Lesser Evil", 57 *U. Cin. L. Rev.* 849(1989), p. 862.

[2] Robert C. Post, "Foreword: Fashioning the Legal Constitution: Culture, Courts, and Law", 117 *Harv. L. Rev.* 4 (2003), p. 107, Siegel, p. 1329.

第三章

宪法权利与审判独立

——宪法实践中的民主政治与权利保护

如果说政治与宪法的关系是德先生与赛先生关系的一种表现形式,那么民主政治与宪法权利的保护则是德先生与赛先生关系的另一种形式。在这一对关系中,宪法权利常常被认为是民主社会正常运转的重要保障,没有宪法基本权利对人的根本权益的保障,民主或赛先生就有可能演变为大多数人的暴政,侵犯和剥夺少数人的权益。①

而在维护这种基本权利的机构中,法院往往占据极为重要的地位。在很多宪法学者和政治学者看来,相比起经过民主政治而产

---

① 在这个意义上,宪法基本权利的意义就在于"以一种未来的人民无法剥夺的方式来设定某些权利,以防止其被随意改变"。Antonin Scalia, *A Matter of Interpretation: Federal Courts and the Law*, Amy Gutmann (ed.), Princeton: Princeton University Press, 1997, p.40.

生的总统或立法机构,法院的地位要更为独立和中立,从而更可能担负起捍卫基本权利,防止民主政治任意破坏基本权利的责任。对此,《联邦论》曾有过专门的论述。《联邦论》第78篇中指出,对于美国宪法而言,"法院法官的完全独立具有特别重要的意义",宪法对立法机构施加了很多限制,这些限制如果得不到法院强有力的保护,那么宪法就将是一纸空文,"所有特定的权利或特权也将成为泡影"。①

从这一理论出发,法官的职责在于抵制民主政治的影响,坚定地维护宪法权利的原始含义。如同斯卡利亚所说,法官应当"勇敢地抵抗民主社会中常常被认为最高的东西:人民主权的意志"。②如果法官也陷入现代民主政治的漩涡,根据民意或当代社会的价值来解释宪法权利,那么这将无疑是"权利法案的末日"。③

本章从法院的审判独立这一问题出发,对宪法权利与民主政治进行重新思考。借用当前美国宪法学界的许多研究,本章指出,宪法权利与民主政治的关系要复杂得多。宪法权利虽然具有约束民主政治和相对独立的特点,但宪法权利本身必然会受到民主政治的影响,民主政治与社会运动必然会改变人们对于权利保护的理解。期望宪法权利能够完全独立于民主政治之外,这既不现实,也在正当性上缺少足够的支撑。

---

① Alexander Hamilton, James Madison, and John Jay, *The Federalist Papers*, Indianapolis: Liberty Fund, 2001, No. 78.

② Antonin Scalia, *A Matter of Interpretation: Federal Courts and the Law*, Amy Gutmann (ed.), Princeton: Princeton University Press, 1997, p. 46.

③ Ibid., p. 47.

同样,对于法院而言,审判独立并不意味着法院将与民主政治完全隔绝,法官对于权利法案的理解必然会受到民主政治与社会舆论潜移默化的影响。期望法院和法官以与世隔绝的态度来实现独立审判,也同样会面临不现实和缺乏正当性的困境。值得追求的审判独立应当一方面对人民意志保持尊重,注意从民主政治中为权利保护提供更为正当和坚实的基础;另一方面,法院则要避免成为消极的回应民意的机构,应当注意发挥自身的能动性,引领民主社会中的权利保护。

本章的行文安排是,第一部分阐述经典的三权分立理论,并且指出其理论所忽视的难题:那就是社会对于权利的解释往往是具有争议的。第二部分以美国宪政的历史为例,分析民主政治如何影响法院对于权利问题的解释,从而批判简单和机械的权利保护理论与审判独立理论。第三部分则从更为微观的角度分析法院为何不会完全成为政治的傀儡,批判了那些简单质疑法院角色与能力的观点。第四与第五部分则分析了在这种司法与政治辩证的关系中应当如何发挥法院的作用。其中第四部分批判了美国宪法学界颇为流行的司法节制主义,第五部分则提出了基于领导者角色的司法哲学,强调法院应当引领社会的权利保护与共识塑造。

一、权利解释的分歧:三权分立理论的难题

经典的三权分立理论将政府权力分为立法权、行政权与司法权,并将解释宪法与法律的权力赋予了法院,主张法院在司法审判

中进行宪法和法律的解释。根据经典理论,法院的法官对于宪法和法律的理解要更加专业,由法官而不是政客或其他官僚来进行宪法和法律的解释,将更能够保证宪法和法律的意志得到正确施行。

而对于宪法来说,由法院而不是其他机构来进行解释,又更多了一层防止德先生暴政的意义。宪法是人民通过制宪会议或超级多数程序而形成的人民意志,其中的规定,尤其是基本权利的条款,集中体现了人民希望保护的利益和价值。之所以要制定宪法而不是将所有事情都交由立法机关或多数程序来决定,就表明了人民希望宪法中的基本权利等条款能够长久地得到保护和实施。在这个意义上,由法院这样一个非民选的相对独立的机构来解释宪法,将能够最大限度地防止行政或立法机关这样的民主政治机构肆意解释权利法案,从而使得人民所确认的根本的权利和价值得以长存。

三权分立这一宪法理论虽然在理论上完美而自洽,但一旦放到实践中,就显得难以解释了。宪法一旦在实践中被运用,对于宪法条文的解释往往就会出现分歧。不仅仅是法官之间,在其他政府分支和整个社会之间,也都可能会对权利的定义和边界产生不同的理解。这样,对于宪法为什么要交由法院来解释就会出现理论上的难题。既然对于宪法的解释具有多种可能,法院无法给出一个具有确定性的答案,那为什么要由法院这样一个非民选机构来行使解释宪法的权利呢?这样岂不是由法院中多数法官的个体偏好来决定宪法的最终含义吗?对于民主理论来说,这样一种安排存在着毕克尔所谓的"反多数难题"(counter-majoritarian difficulty)。①

以美国宪法的实践来看,这一担忧并非多余。在对美国宪法进行解释,尤其是在涉及权利保护条款的宪法解释时,往往会出现多种解释,并且这些解释经常会以自由派和保守派来进行站队。例如,在言论自由条款中,对于涉及种族性偏见的言论是否应当受到宪法第一修正案的保护,各方就有不同的理解。②在平等保护条款中,对于平权行动(affirmative action)是否违反宪法的平等保护,也同样存在争议。③事实上,分析美国的宪法实践,我们可以发现,自从20世纪六七十年代以来,美国宪法中的大多数重大判决都是以5:4的比例作出的,社会与法院自身在解释宪法权利问题上存在分歧,这已经成为一个不可否认的事实。

出于对此问题的担忧,许多宪法理论提出了应对宪法解释不确定性的各种方法。例如,在当代美国宪法解释中占据重要地位的原旨主义(originalism)的解释方法,就提倡以宪法的原旨来解释宪法。毕竟,就字面含义来说,美国宪法中诸如"言论自由"(freedom

---

① 参见 Alexander M. Bickel, *The Least Dangerous Branch: The Supreme Court at the Bar of Politics*, New Haven: Yale University Press, 1962; John Hart Ely, *Democracy and Distrust: A Theory of Judicial Review*, Cambridge, Mass.: Harvard University Press, 1980; Bruce Ackerman, "The Storrs Lectures: Discovering the Constitution", 93 *Yale L. J.* 1013(1989); Barry Friedman, "The History of the Countermajoritarian Difficulty, Part One: The Road to Judicial Supremacy", 73 *N.Y.U.L. Rev.* 333, 334 (1998)。
② 参见 Charles R. Lawrence III, "If He Hollers Let Him Go: Regulation Racist Speech on Campus", *Duke L. J.* 431(1990); Robert C. Post, "Racist Speech, Democracy, and the First Amendment", 32 *Wm. & My. L. Rev.* 267 (1991)。
③ 参见 Paul Brest & Miranda Oshige, "Affirmative Action for Whom?", 47 *Stan. L. Rev.* 855 (1995)。

of speech)、"平等保护"(equal protection)和"正当程序"(due process)的字面含义相当模糊,从字面或文本中常常无法得出宪法解释的统一含义。原旨主义者因此将目光投向宪法的原旨,期望从宪法的原旨中找到"可靠与真实"的宪法(constitutional "fidelity" and "authenticity")。①

在原旨主义者看来,原旨主义的法学理论将能够解决宪法权利不确定性的问题。它将首先避免宪法的政治化,或者说"政治对法律的诱惑"。②通过寻求确定性的宪法解释,原旨主义将能够确保法官最大限度地远离意识形态,在相关政治性的议题上保持真正的中立。③其次,通过对宪法真正的原始含义的寻求,宪法同时也保障了民主政治的运行。宪法代表的是一个国家的根本法,所反映的是一个国家的根本意志,当司法机关进行违宪审查时,它应当担负起寻求这种根本意志的职责,以实现"对民主理念的深刻承诺"。④最后,如同前文所述,原旨主义认为,它可以保持美国宪法的持久不变,使其成为一部"具有确定性和在法律上具有约束性意义的文本"。⑤在原旨主义看来,宪法的这种确定性和约束力使得宪法能够

---

① Edwin Meese III, "A Return to Constitutional Interpretation From Judicial Law-Making", 40 *N. Y. L. Sch. L. Rev.* 925, 930—931 (1996).
② 参见 Robert H Bork, *The Tempting of America: The Political Seduction of the Law*, New York: Free Press, 1990。
③ Edwin Meese III, "A Return to Constitutional Interpretation From Judicial Law-Making", 40 *N. Y. L. Sch. L. Rev.* 925, 933 (1996).
④ Edwin Meese III, "Construing the Constitution", 19 *U. C. Davis L. Rev.* 22, 29 (1985).
⑤ Edwin Meese III, "Our Constitution's Design: The Implications for Its Interpretation", 70 *Marq. L. Rev.* 381, 382 (1987).

约束民主政治的狂热与激情,保护公民的根本权利和价值。①

二、民主政治对法院权利解释的影响:美国宪政的历史经验

原旨主义等宪法解释方法是否能够保证法官独立和法院不受政治的影响呢?从美国宪法实践的历史经验来看,答案并非如此简单。美国宪法的历史经验是,宪法的含义往往随着民主政治和社会价值的变迁而变迁,而且原旨主义等宪法解释方法也无法阻止这一点。②

美国宪法变迁的典型之一是新政时期最高法院的态度转向。在 20 世纪初,美国最高法院曾经奉行一系列放任自由主义(libertarian)的宪法解释观念,宣布一系列国会立法与政府规制的法案无效。例如在洛克纳案(Lockner v. New York)中宣布工作时间的限制违反了宪法第十四修正案中缔结自由契约的权利。③在艾达尔诉美国案(Adair v. United States)④和考贝奇诉堪萨斯案(Coppage v. Kansa)⑤中认定,雇主签订合同的时候可以要求雇员不得参加工会组织。在艾德金诉儿童医院案(Adkins v. Children's Hospital)⑥和

---

① 正如马歇尔在麦卡洛克案中所称的那样,宪法是"为了世代的长治久安(intended to endure for ages to come)",McCulloch v. Maryland, 17 V.S. 316,415(1819)。
② 传统的宪法理论认为,宪法的解释只能通过修宪程序而完成,只要宪法文本没有被正式修改,宪法的含义就应当维持不变。
③ Lochner v. New York, 198 U.S. 45 (1905).
④ Adair v. United States, 208 U.S. 161 (1908).
⑤ Coppage v. Kansas, 236 U.S. 1 (1915).
⑥ Adkins v. Children's Hospital, 261 U.S. 525 (1923).

莫海德诉纽约提帕多案(Morehead v. New York ex rel. Tipaldo)①中认定纽约州的妇女最低工资法无效。但是在政治现实面前,法院很快放弃了这种自由放任主义的权利观。随着罗斯福再次高票当选并且开始考虑法庭改造计划(court-packing plan),最高法院不得不在意识形态上转向,开始全面认同国会的各项新政立法。②

如果说新政时期的宪法解释受到政治影响是属于特例的话,那么第二次世界大战后美国宪法的解释则更能反映政治对于宪法的一般性影响。因为新政时期最高法院的转向受到了政治明显而直接的干预,罗斯福总统的法庭改造计划直接威胁到法官们的去留,而在第二次世界大战后,最高法院基本上保持很高的威信,没有再次受到类似新政时期的政治压力。考察这一时期的宪法解释的变迁,更能看出民主政治与宪法解释的一般性关系。

将目光投向第二次世界大战以后,会发现对于宪法的权威解释和历史变迁与政治正当性密切相关,而与宪法原旨则并不总是吻合。以最为经典的布朗诉教育委员会案(Brown v. Board of Education of Topeka)③和波林诉夏普案(Bolling v. Sharpe)④为例,尽管美国宪法第十四修正案的制宪者们可能都没有取消种族隔离的意图,但是这两个案件却被认为是美国宪法史上最伟大的判决。⑤自

---

① Morehead v. New York ex rel. Tipaldo, 298 U. S. 587 (1936).
② 参见 Bruce Ackerman, *We the People*, *Volume 2*, *Transformations*, Cambridge, Mass.: Harvard University Press, 1998。
③ Brown v. Board of Education of Topeka, 347 U. S. 483 (1954).
④ Bolling v. Sharpe, 347 U. S. 497 (1954).
⑤ 有的学者因此指出,这两个案件使得原旨主义的理论根本无法自圆其说。Lino A. Graglia, "'Constitutional Theory': The Attempted Justification for the Supreme Court's Liberal Political Program", 65 *Tex. L. Rev.* 789, 789 (1987).

从这两个案件判决以来,无论是保守派还是自由派,都没有人敢于挑战或质疑这两个判决。①社会的变化已经使得取消种族隔离的观念深入人心,宪法解释如果在这种背景下仍然坚持所谓的"原旨",那将丧失其自身所有的合法性。

政治能够直接改变宪法解释,但要更为细微地观察政治对于宪法解释的影响,还需要分析一个社会中宪法含义的逐渐变迁。以性别平等为例,我们可以发现,民主政治与社会运动常常会改变法院对于宪法的权威解释,宪法的变迁并不仅仅取决于正式的修宪程序。以上一章已经涉及的《性别平等修正案》为例进行分析,可以看到民主政治可以潜移默化地改变人们对于宪法的理解,从而最终改变宪法的正式解释。

众所周知,20世纪七八十年代美国的《性别平等修正案》虽然在性别平等支持者的努力下通过了国会的修宪程序,但在随后州的宪法批准过程,却没有通过宪法要求的四分之三州的批准,反女权运动的政治力量最终阻碍了性别平等修正案成为美国宪法的一部分。②按照一般的预期,这意味着性别平等虽然可以受到其他法律的保护,但却不能上升到宪法的高度进行保护。然而在随后的宪法解释中,最高法院却逐渐在一系列案件中支持了性别平等,成

---

① 例外的情况,参见 Derrick Bell, Dissenting, Edited by Jack M. Balkin, *What Brown v. Board of Education Should Have Said*, New York: New York University Press, 2001, pp.185—200。

② 参见 Reva B. Siegel, "Constitutional Culture, Social Movement Conflict and Constitutional Change: The Case of the de facto ERA", 94 *Cal. L. Rev.* 1323, 1323—1332(2006)。

为一种"事实上的《性别平等修正案》"(de facto ERA)。①在宪法未被修改的情况下,宪法的含义发生了根本性的变迁。

这一情况为何会发生呢?原因在于《性别平等修正案》虽然没有通过,但却极大地激活了美国政治,深刻地改变了美国社会对于性别平等与宪法文化的看法。在关于宪法修正案的辩论中,《性别平等修正案》的支持者们将性别不平等比作类似于种族隔离的"女性隔离法"(Jane Crow Laws)②,认为面对这种不公平,没有理由不以宪法第十四修正案来保护性别平等。而反对《性别平等修正案》的人士在这种强大的政治攻势下,也不得不部分承认了性别不平等的现实,并且开始以宪法第十四修正案能够保护女性为由来换取《性别平等修正案》的不通过。正如一位保守派的参议院所说:"我的确相信,如果能够被正确地解释,那么平等保护条款将足以废除州法所制定的所有不平等的法律歧视。"③因此,《性别平等修正案》虽然没有通过,但却为重新解释第十四修正案打下了基础。在其后法院的解释中,法院首先在里德案(Reed v. Reed)中认定法律不得在家庭中区别男女角色④,其后又在弗朗蒂诺案(Frontiero v. Richardson)⑤、克雷格案(Craig v. Boren)⑥等案件中进一步地运

---

① Michael C. Dorf,"Equal Protection Incorporation",88 *Va. L. Rev.* 951,985 (2002).
② Pauli Murray & Mary O. Eastwood,"Jane Crow and the Law: Sex Discrimination and Title VII",34 *Geo. Wash. L. Rev.* 232 (1965).
③ Reva B. Siegel,"Constitutional Culture,Social Movement Conflict and Constitutional Change: The Case of the de facto ERA",94 *Cal. L. Rev.* 1323,1403 (2006).
④ Reed v. Reed,404 U. S. 71(1971).
⑤ Frontiero v. Richardson,411 U. S. 677 (1973).
⑥ Craig v. Boren,429 U. S. 190 (1976).

用了第十四修正案来审查性别区分的法律。

观察这一时期法律人特别是原旨主义者对于宪法的解释,会发现原旨主义的观点也在改变。原旨主义者曾经试图论证,无论是制宪者的原旨,还是制宪时期人民批准时期的原旨,都没有试图用宪法第十四修正案来审查性别区分;但经历过多年的性别运动后,原旨主义开始修正自己的观念,开始接受第十四修正案对于性别问题的保护。①这种改变甚至会发生在某个人的身上,例如有的教授曾经通过研究表明,前最高法院首席大法官伦奎斯特三十年来对于宪法在性别平等问题上的观点一直在变化,性别平等运动带来的性别平等观念的改变直接影响了其宪法解释。②

事实上,原旨主义不仅仅无法保证其宪法解释尽可能地贴近宪法的原旨,而且原旨主义本身就是一种政治性极强的宪法解释方法,其兴起和20世纪80年代后的保守主义政治运动具有直接的联系。③20世纪五六十年代以来,美国最高法院在沃伦的领导下,曾经一度在民权领域作出了许多有利于自由派的判决,而保守派则节节败退。但随着里根的上台和保守主义的兴起,这种情况得以扭转,保守派开始以原旨主义的代言人而自居,他们指责沃伦法院过于积极地介入政治,主张回到"宪法的真实含义"上来。④然而

---

① 参见 Robert Post & Reva Siegel, "Originalism as a Political Practice: The Right's Living Constitution", 75 *Fordham L. Rev.* 545, 560—561 (2006)。
② 参见 Reva B. Siegel, "'You've Come A Long Way, Baby': Rehnquist's New Approach to Pregnancy Discrimination in Hibbs", 58 *Stan. L. Rev.* 1871 (2006)。
③ 参见 Robert Post, "Originalism as a Political Practice: The Right's Living Constitution", 75 *Fordham L. Rev.* 545(2006)。
④ Edwin Meese III, "A Return to Constitutional Interpretation From Judicial Law-Making", 40 *N.Y.L. Sch. L. Rev.* 925, 931 (1996)。

在自由派学者看来,这种去政治化的宪法解释本身就是政治化的,原旨主义看似遵循原旨,但他们从来不敢推翻布朗案等案件而回到真正的宪法原旨。他们只是将保守主义的政治披上原旨主义的外衣,以原旨的名义来正当化当下的宪法政治而已。[1]在这个意义上,可以说原旨主义本身就是一种民主政治或社会运动的产物,借由原旨主义这一工具,保守主义深刻地改变了20世纪80年代后美国的宪法解释。[2]

如果说宪法变迁的第一种途径在于通过民主政治改变对于宪法的理解,那么第二种途径则是通过民主政治改变法官的构成。或者说,第一种途径改变宪法文化或关于宪法的意识形态,第二种途径则是改变解释宪法的人。法官并不生活于真空中,法官的选任本身就必然受到政治的影响。

就美国最高法院的法官任命来说,法官是由总统提名并且由参议院确认的。在这种情形下,总统会偏向于和自己意识形态相近的法官,因为总统会希望自身的政策更能被最高法院通过,希望最高法院能够宣布对立的国会立法或地方立法违宪,或者希望自己所在的政党的价值能够更持久地存续。这样,如果某个党在民主政治中持续胜利,所属该党的总统持续提名偏向某种意识形态的人为候选人,那么最高法院人员的政治倾向偏好就有可能改变。杰克·巴尔金教授和桑福德·列文森(Sandy Levinson)教授将这种

---

[1] 参见 Robert Post,"Theories of Constitutional Interpretation",*Representations*,Spring 1990,p. 29。

[2] 参见 Robert Post & Reva Siegel,"Originalism as a Political Practice: The Right's Living Constitution",75 *Fordham L. Rev.* 545 (2006)。

现象称为党派堡垒(partisan entrenchment)。通过党派政治,政党将倾向于本政党的候选人输送到最高法院,以争夺对于宪法的解释权。①

三、法院解释宪法的独立与制约:法院为何不会完全成为政治的傀儡

如果说法院和法官的独立性必然会受到民主政治的干预,法院的宪法解释也必然会受到政治观念和宪法文化的影响,那么法院的宪法解释将直接面临两个方面的挑战。一方面,法官的宪法解释是否会成为同时期政治和意识形态的投射,自身没有任何独立性可言?另一方面,法官的宪法解释是否又会不受任何约束,法官是否会恣意地以自己的政治立场和意识形态来进行宪法解释?这两个问题可以说是一个问题的两面,都表明了对法院宪法解释政治化的担心。②

将法院放在美国政治的背景下进行解读,会发现这种担心过于简化。法院的宪法解释虽然会受到政治的影响,但这并不意味着法院只是消极地反映政治力量。

首先,就法官的构成来说,虽然总统可以通过提名来改变法官人选,但这种改变只是从总体和长期意义上说的,总统通过控制人

---

① 参见 Jack M. Balkin & Sanford Levinson, "From Partisan Entrenchment to the National Surveillance State", 75. *Fordham L. Rev.* 489(2006)。

② 参见 Gary Peller, "The Metaphysics of American Law", 73 *Cal. L. Rev.* 1151 (1985)。

选而控制宪法解释的空间有限。由于法官的终身制,要提名和填补法官必须等待法官退休,而这种机会对于连任期限最多八年的总统并不多。而且,即使总统提名了政治立场相近的法官,该法官也可能会走向相反的政治立场。一方面,法官可能改变自身的立场,例如被尼克松总统提名的哈里·布莱克门大法官(Harry Andrew Blackmun),本应属于保守派的阵营,但后来却成为自由派的代表人物。[1]另一方面,有的法官也可能因为政治环境的改变走向相反的政治立场。例如费利克斯·弗兰克福特(Felix Frankfurter)大法官一直坚信司法克制,因此虽然他是被罗斯福总统提名并且在20世纪30年代倾向于自由派,但是在50年代美国政治转向保守主义后,他的司法克制就导致了他倾向于保守主义的阵营。[2]这些情况都表明,民主政治不可能通过选举总统而直接改变法官构成和宪法解释。

其次,从宪法文化的角度来看,民主政治也给宪法解释预留了相对独立的空间。一般来说,民主政治和社会运动具有大众性、平民性的特点,而宪法解释则相对具有精英性的特点。这就意味着民主政治虽然可能通过选举或社会运动获得压倒性的力量,但仍然可能无法改变精英阶层对于宪法解释的观点,从而无法影响法院最终的宪法解释。[3]如果民主政治希望能够最终改变宪法解释,

---

[1] 参见 Tinsley Yarbrough, *Harry A. Blackmun: The Outsider Justice*, Oxford: Oxford University Press, 2008。

[2] 参见 H. N. Hirsh, *The Enigma of Felix Frankfurter*, New York: Basic Books, 1981。

[3] 参见 Lawrence Baum and Neal Devins, "Why the Supreme Court Cares About Elites, Note the American People", 98 *Geo. L. J.* 1515(2010)。

那么它就不能仅仅依靠一两次的社会运动或选举胜利,它不仅仅需要持之以恒地改变社会民众的宪法观念,而且需要改变社会精英对于宪法的理解。唯此,民主政治才能实现对宪法的重新解释。

最后,宪法解释的专业性特点也使得法院和宪法解释可以保持相对独立。一方面,就议题设定来说,民主政治相对来说会更关心一些热点议题,例如同性恋婚姻、医疗改革法案、持枪权等问题,而在很多非热点的议题上,民主政治则会较少过问,这就意味着法院可以在这些非热点议题上相对远离政治的影响。[1]另一方面,宪法解释具有一套专业性话语,这套专业性的话语使得法院可以在知识和话语体系上保持相对独立。以宪法的平等保护为例,可能民主政治对于何谓平等有相对具体的看法,例如可能认为在教育平等中应当对所有的种族一视同仁,不能因为某人属于某个种族而另眼相看。但在法院的宪法解释中,对于何谓平等具有更为精细和专业化的分析。例如哪种身份区分属于"可疑区分"(suspected classification),应当采取何种审查标准,大学招生多样化(diversity)的目的是否属于压倒性的利益,证明歧视是否存在应当采取差别性对待标准(disparate treatment)还是差别性影响标准(disparate impact)等等。由于这些专业性工具的存在,法院往往可以暗度陈仓,支持某些民主政治所反对的宪法解释。例如法院可能认为直接使用种族因素给某些种族加分的办法违反宪法的平等保护,但允许那些表面种族中立但实际有利于某些种族的政策通过宪法平

---

[1] 参见 Jack Balkin, *Living Originalism*, Cambridge: Harvard University Press, 2011, p.292。

等保护的门槛。①

因此,法院和法官可以具有相对独立的空间,而不会成为一个随波逐流的政治场域。但另一方面,法官也同样不可能恣意地进行宪法解释,完全以政治倾向或意识形态来解释法律。多种原因对法院和法官形成了约束。

首先,法院的人员组成中往往有各种政治立场的法官,以过去几十年的最高法院为例,最高法院的保守派与自由派人数往往旗鼓相当,而最终决定宪法判决的往往是其中政治立场较为摇摆的法官(swing justice)。因为美国政治中的保守派与自由派两种力量大致旗鼓相当,民主政治通过总统提名而送进最高法院的法官们因此人数也大致相当。而由于最高法院的任命需要参议院的批准,总统也会谨慎对待提名意识形态较为极端的法官候选人,以避免最终未能通过参议院的批准。②在这个意义上,我们可以看到法官的人选其实受到了许多潜在的约束,法院不太可能进行恣意妄为和较为极端的宪法解释。

其次,从宪法文化上来说,上面提到的某些特征也同样约束着法院的宪法解释。如上所述,法院的宪法解释是在一个宪法文化的空间里进行的,其中既有比较大众化和非专业性的宪法观念,也

---

① 例如法院在 Gratz 案中宣布了种族加分的招生政策违宪,但却并未宣布 Fisher 案中的10%计划。在 Fisher 案中,所涉及的是得克萨斯州大学的招生政策,该政策将每个公立高中前10%的高中生自动录取,由于不少高中种族单一,这样就保证了更多地黑人和某些少数族裔被录取。因为黑人所在的高中一般教育水平较差,如果统一申请和录取,那么这些高中的毕业生很可能将没有机会被录取。参见 Gratz v. Bollinger, 539 U. S. 244 (2003); Fisher v. University of Texas at Austin, 133 S. Ct. 2411 (2013)。

② 博克法官即为一例,参见 Ethan Bronner, *Battle for Justice: How the Bork Nomination Shook America*, New York: W. W. Norton & Co., 1989。

有比较精英化和专业化的各种宪法评论、宪法研究等等。法院的宪法解释除了不太可能过于偏离一般性的宪法理解之外,也要经受专业法律意见的批评,当法院的宪法解释和这些专业法律意见相差过远的时候,就必然会引起社会的强烈反弹。当然,在宪法实践中,法院与专业法律意见完全背离的情况极少发生,因为法官自身并非与世隔绝,他们必然会受到社会情境(context)的影响。[①]同样,对于在宪法解释中扮演重要角色的法官助理,情况也是如此,他们一般从法学院毕业不久,对于宪法的认识与观念往往会受到学校或某些人的强烈影响。与法官一样,他们所受的教育、日常的阅读与交流不是在真空中进行的,也受着宪法文化的约束。

在某种程度上,我们可以将法院和法官视为社会中的个体。一方面,人类自然而然会受到社会和环境的影响,都"深深地嵌在这个世界中"。[②]但另一方面,人类也不是受社会和环境摆布的木偶,人类独有的能动性(agency)使得人类既不会在社会和环境里完全无能为力或无所作为,也不可能随心所欲、恣意妄为。[③]和人类的这种特征相似,法院一方面深嵌于政治之中,必然受到政治的影响,但另一方面也可以避免恣意妄为,以积极的姿态来发挥自身的影响。

[①] 参见 J. M. Balkin, *Cultural Software: a Theory of Ideology*, New Haven: Yale University Press, 1998.
[②] 苏力:《我和你都深深地嵌在这个世界中》,载《天涯》1997 年第 6 期。
[③] 参见 Michael Bratman, *Structures of Agency*, Oxford: Oxford University Press, 2006.

四、争议性权利保护的难题：法院的角色定位

如果说古典三权分立思想的问题在于对宪法解释与权利解释的明确性过于乐观，没有充分估计到宪法与权利在现代社会中所引起的争议，那么在这样一种争议不可避免的情形下，法院应当如何处理棘手的宪法与权利保护的问题呢？这里首先要回答的一个问题是，法院是应当更多地介入这些争议性的权利保护问题呢，还是应当与这些议题保持距离，将权利问题交由立法机关或民主政治来解决？

让我们先分析保持距离的观点。近年来，美国宪法学界中有不少学者开始主张法院应当远离那些具有争议性的宪法与权利议题，采取更为节制的司法哲学。其中最具有代表性的当属凯斯·桑斯坦（Cass Sunstein）的司法极简主义哲学。在桑斯坦看来，在那些容易引起政治性争议的宪法案件中，法院应该尽量避免介入这类判决，或者即使法院介入这类判决，也应当避免对原则性的问题作出判断。用桑斯坦的话来说，那就是最高法院应当"就事论事"或者说"一次一案"（one case at a time），以"司法极简主义"的态度来对待具有争议性的案件。例如，在同性恋婚姻的案件中，法院应当避免直接宣布同性恋婚姻受宪法保护或不受宪法保护，而是将此类问题交由立法机关或通过政治过程来解决。

桑斯坦之所以采取这种立场，主要基于他对法院和宪法权利的理解。一方面，他认识到法院的宪法解释可能犯错。历史上的教

训自不必说，美国最高法院在司各特案和洛克纳案中都站到了历史的对立面，在今天，法院对于争议性案件的判决也同样具有犯错的危险。基于其行为主义法律经济学和认知心理学的理论，桑斯坦指出，人类的理性程度是有限的，而法官也是人，在有限理性（bounded reason）的前提下，法官同样"缺乏对于不可预测的负面效果的知识"。①这样，如果法院强行介入具有高度政治性的争议案件，就有可能作出错误的判决，损害法院的权威。另一方面，更为重要的是，桑斯坦认为宪法性权利的争议很大程度上是由社会多元主义造成的，在一个"异质性的社会中"，"理性人也会对许多问题持有不同意见"。②如果由法院来裁决这些争议，法院将不得不在多种多元价值中作出选择，并且会将这种统一性的裁决适用到每个人的身上。桑斯坦认为，这很可能会伤害到其中的某些群体。更好的方式应当是将这些争议性问题交由立法机关或政治程序，通过民主审议（democratic deliberation）来解决。因为在民主审议中，参加审议的各方可能会达成"对彼此都有利的妥协"，或者通过民主协商"增加新的信息和视角"。③

不仅仅是桑斯坦，其他很多学者也认为法院应当与争议性的权利保护保持距离。例如迈克尔·卡拉曼（Michael Klarman）教授通过分析布朗案，得出了最高法院的布朗案判决并没有引发民权运动和种族隔离的结论，从而质疑了通过法院来保护权利的观点。

---

① Cass R. Sunstein, *One Case at a Time: Judicial Minimalism on the Supreme Court*, Cambridge: Harvard University Press, 1999, p. 53.
② Ibid., p. 50.
③ Ibid., p. 53.

卡拉曼指出，一般都将美国废除种族隔离的功劳归功于最高法院的布朗案判决，但现实并非如此。现实的情况是，布朗案其实引发了"种族变革的广泛的反弹"。①例如，在布朗案之后，南方开始出现了更加严重的种族歧视，种族议题开始成为压倒性的议题，各个公共职位中都开始选举白人至上主义者。在这种情况下，原本相对缓和的种族议题开始变得紧张，因为这些白人至上主义者开始以更加苛刻的态度对待黑人等少数族裔。②

  卡拉曼认为，法院因为介入争议性权利而引起的反弹并不是孤立事件，在"标志性的案件中也经常出现反弹而不是支持"。③引起这种现象的原因主要有两个方面。一方面，法院介入争议性案件本身就会使得某个议题的重要性增加。在法院介入某个议题之前，一个社会的议题可能会很多，该议题可能并不会引起全民的关注或者成为最为重要的议题，但是在法院介入之后，该议题可能会立刻成为焦点议题，而其他议题则可能随之边缘化。这样，原先可能较为缓和的关系就有可能呈现出对抗的局面，社会中的反动力量就有可能因为议题的中心化而凝聚起来，从而使得权利保护产生倒退的局面。另一方面，法院的介入可能会打破社会变化原有的节奏。对于某些争议性的权利问题，社会往往有一套类似哈耶

---

① Michael J. Klarman, "Brown, Racial Change, and the Civil Rights Movement", 80 *Va. L. Rev.* 7, 115 n. 494 (1994).

② Michael J. Klarman, "Civil Rights Law: Who Made It and How Much Did It Matter?", 83 *Geo. L. J.* 433, 433 n. 4 (1994).

③ Michael J. Klarman, *From Jim Crow to Civil Rights: The Supreme Court and the Struggle for Racial Equality*, Oxford: Oxford University Press, 2004, p. 464.

克所说的"自生自发"的秩序来加以解决①,但法院的介入使得这套秩序产生了外来的变量,从而可能会影响问题的解决,甚至引起社会对于权利保护的反弹和倒退。②

基于这些考虑,卡拉曼暗示,法院应当避免介入争议性和敏感性的权利保护。从解决问题的角度来看,这种权利保护可能会引起社会较大的反弹,破坏民主政治程序解决此类问题的进程。③从法院的威信的立场来看,介入此类权利保护可能会引起社会对于法院的不信任,损害法院的权威。

除了桑斯坦和卡拉曼教授之外,威廉·艾斯克里奇(William Eskridge)教授也在一定程度上认为法院应当采取司法节制的态度。他认为,法院介入争议性的权利保护有可能会将某些群体排除在政治过程之外。在约翰·哈特·伊利(John Hart Ely)理论的基础上,艾斯克里奇教授提出了"有利于多元主义理论"(pluralism-facilitating theory),认为法院的权利保护应当促进社会中的各个群体参与民主政治的过程,而不是封闭他们的渠道。④但当法院介入争议性、敏感性议题的时候,法院实际上是以自身的判断代替了民主政治的判断,将某一部分人排除在了民主政治之外。在艾斯克

---

① 参见〔美〕弗里德里希·冯·哈耶克:《自由秩序原理》,邓正来译,上海三联书店1998年版。

② Michael J. Klarman, "Brown and Lawrence (and Goodridge)", 104 *Mich. L. Rev.* 431, 473 (2005).

③ 另一位和卡拉曼教授持相似立场的罗森博格教授也认为,法院"很少能够制造显著的社会变化",倒是经常"动员反对力量"。Gerald N. Rosenberg, *The Hollow Hope: Can Courts Bring About Social Change?* Chicago: University of Chicago Press, 1991, p. 341.

④ 参见 William N. Eskridge, Jr., "Pluralism and Distrust: How Courts Can Support Democracy by Lowering the Stakes of Politics", 114 *Yale L. J.* 1279 (2005).

里奇看来,这将会导致一部分群体感到孤立,"就像是被他们自己的国家所抛弃了一样"。①

在一定程度上,桑斯坦、卡拉曼、艾斯克里奇等人的司法节制主义反映了美国最高法院最近几十年的现状。在沃伦法院之后,美国最高法院开始逐渐保守化,在权利保护方面更加倾向于推翻民权运动的立场。这种立场让以自由派为主的学术界对于法院的角色感到失望,希望通过限制法院对于权利的保护来保存民权运动的成果。曾经主张司法能动主义的自由派学者,如今转变成了司法节制主义的支持者。

但从学术而非政治策略的角度来说,司法节制主义的立场却不能成立。首先,法院对于争议性权利的解释固然可能犯错,但这并不等于民主政治就不会犯错,更不能说明民主政治中的政治协商就更有利于权利的保护。在桑斯坦的理论中,司法之所以应当保持节制或极简主义,其中的理由之一就是设想民主政治过程更能够"促进社会稳定"和"达成某种形式的相互尊重"。②但就现实政治来说,这种对于民主政治的描绘显然过于理想。从历史上来说,民主程序在权利保护方面犯的错误不可谓不多,逃奴法案(Fugitive Slave Act)、种族隔离法案(Jim Crow laws)都是在民主程序下达成的。而在当下的国会中,其政治运作过程也充斥着对抗、僵化和腐

---

① William N. Eskridge, Jr. , "Pluralism and Distrust: How Courts Can Support Democracy by Lowering the Stakes of Politics", 114 *Yale L. J.* 1279, 1312 (2005).

② Cass R. Sunstein, *One Case at a Time: Judicial Minimalism on the Supreme Court*, Cambridge: Harvard University Press, 1999, p.50.

败①,现实社会中的政治运作和共和主义学派所设想的审议民主往往具有极大的反差。②

其次,司法节制主义的立场设想了一种封闭的司法观。司法节制主义认为,相比起民主过程的开放与参与,司法是一种封闭、专断和"隔绝于民主"(democracy-foreclosing)的活动。③但在社会现实中,司法虽然会对某些争议性议题进行权威性的解释,但这并不意味着这些议题在司法判决之后就隔绝于民主政治了。在司法判决之后,普通民众也仍然可以将此议题重新带入政治程序中,改变对于该议题的重新解释。如上所述,他们一方面可以通过政治而选举倾向于自身意识形态的总统和国会,通过改变法官人选而改变对于争议性问题的解释;另一方面,更为经常的是,他们可以通过社会运动而改变社会的宪法文化,从而改变法院的宪法解释。④

在这个意义上,司法同样不会将某些群体"排除在政治之外"(off-limits to politics)⑤,使得某些群体感受到了背叛。即使某些群

---

① 参见 Lawrence Lessig, *Republic, Lost: How Money Corrupts Congress—and a Plan to Stop It*, New York: Hachette Digital, Inc., 2011。

② 关于共和主义所设想的审议民主,参见 Jon Elster, (ed.), *Deliberative Democracy*. Cambridge: Cambridge University Press, 1998。

③ Cass R. Sunstein, *One Case at a Time: Judicial Minimalism on the Supreme Court*, Cambridge: Harvard University Press, 1999, p. 26.

④ 这方面的研究在近些年的宪法研究中越来越多,参见 Jack M. Balkin, "Original Meaning and Constitutional Redemption", 24 *Const. Comment.* 427 (2007); Jack M. Balkin & Sanford Levinson, "Understanding the Constitutional Revolution", 87 *Va. L. Rev.* 1045 (2001); Jack M. Balkin & Reva B. Siegel, "Principles, Practices, and Social Movements", 154 *U. Pa. L. Rev.* 927 (2006); Lani Guinier, "Foreword: Demosprudence Through Dissent", 122 *Harv. L. Rev.* 4 (2008); Robert Post & RevaSiegel, "Originalism as a Political Practice: The Right's Living Constitution", 75 *Fordham L. Rev.* 545 (2006); Gerald Torres, "Legal Change", 55 *Clev. St. L. Rev.* 135 (2007)。

⑤ Jeremy Waldron, "The Core of the Case Against Judicial Review", 115 *Yale L. J.* 1346, 1369 (2006).

体对某个判决可能感到失望,他们也并不会像司法节制主义者所担心的那样,会因为法院的判决而丧失了对宪法的信心。相反,在很多司法判决中,这些失意的群体可能会因为判决而动员起来,更加积极地参与政治,改变对于宪法的解释。如同杰克·巴尔金教授所说,当某些宪法解释让某些群体感到失望时,这些群体不会认为宪法错了,他们会更愿意相信是宪法解释者错了,他们对于宪法的信心和宪法政治的热情不会因为某些判决而磨灭。①

最后,也是最为重要的是,司法判决所可能引起的反弹也并不能说明司法节制主义的正确性。在几位司法节制主义者的分析中,他们都指出,司法判决可能破坏原有社会解决问题的秩序和进度。例如对于罗诉韦德案(Roe v. Wade)②,桑斯坦认为此判决使得州层面的堕胎合法化立法进程突然被打断,引起反堕胎势力的反弹。③但是这里的问题是,任何一种争议性宪法权利的判决都会在一定程度上让一些群体不满,至少都有引起反弹的可能。如果因为反弹的存在而正当化司法节制主义,那就意味着法院对于所有的争议性宪法权利都应当不闻不问。这将不仅仅推论出司法节制的观点,而且将得出司法彻底虚无主义的结论。

基于反弹而赞成司法节制,这种观点首先低估了社会现实的复杂性。法院的争议性判决当然可能引起社会上相关势力的反弹,

---

① 参见 Jack Balkin, *Constitutional Redemption*: *Political Faith in an Unjust World*, Cambridge, Mass.: The Belknap Press of Harvard University Press, 2011, chapter 7。
② Roe v. Wade, 410 U. S. 113 (1973).
③ Cass R. Sunstein, "Three Civil Rights Fallacies", 79 *Cal. L. Rev.* 751, 766 (1991).

但是如果法院不介入，是否社会现实中的反弹就会不存在？这显然也是不现实的，任何社会对于某个议题支持和反对的声音都不会因为对方的暂时性取胜而销声匿迹。相反，一旦某个议题被媒体报道，或者因为国会立法而成为中心议题，都可能会引发某一方群体力量的聚集或反弹。①从这方面来说，反弹或对抗可以说是民主政治中的常态②，因为担心法院引发反弹而坚持司法节制主义，这并不科学。

另一方面，这种观点也低估了法院在权利保护方面所可能起到的正面作用。如上文所说，法院在受政治过程影响的同时，也可以发挥自己的作用来影响政治，如同巴尔金所说，法院不是宪法政治的镜子（mirror），而是政治过程中的一个参与者（player）。③而且，法院影响政治的方式完全可以是正面的。法院完全可以通过自身的法律论证和制度性权威来影响社会的价值取向，从而促进社会中的正面力量的积聚。同时，即使法院的判决引起了社会中负面力量的反弹，也常常可以期待某些群体对于这些反弹力量的再反弹，当这些群体进行再反弹的社会运动时，他们完全可以借用法院为其主张提供的合法性论证。④

---

① 用巴尔金的话来说，虽然法院介入权利的解释，将权利问题宪法化会将某些议题从立法机关那里移除，但它同样激活和改变了政治。参见 Jack M. Balkin, "Respect-Worthy: Frank Michelman and the Legitimate Constitution", 39 *Tulsa L. Rev.* 485, 505 (2004).

② 参见 Charles Mouffe, *The Return of the Political*, London, New York: Verso, 1993.

③ 参见 Jack Balkin, *Living Originalism*, Cambridge: Harvard University Press, 2011, p. 287.

④ Ibid., p. 293.

综上所述,虽然法院在介入争议性的宪法权利的时候存在危险,但这并不意味着法院就应当完全放弃维护这些权利和解释宪法,而将这些任务完全交由政治来解决。司法节制主义所提供的几点理由,无论是民主过程比司法更符合多元民主,司法容易排斥某些群体,还是司法容易引起权利保护的反弹,都过分简单地设想了司法与政治的关系,都错误地采取了"避免冲突"的视角。[①] 司法对于争议性权利的保护,不应当是一个是否应当介入的问题,而应当是一个如何介入的问题。

五、结语:迈向领导角色的司法

如果说司法节制主义的立场不可取,那么司法应当如何介入争议性权利的解释?上一部分的分析虽然主要是为了反驳司法节制主义,但也为这一问题提供了分析的基础。对司法节制主义保持警惕,这并不意味着对于争议性权利的解释就应当采取随心所欲的姿态。司法对于争议性权利的解释的确可能引起意想不到的社会后果,而既然司法是民主政治的积极参与者而非消极背书者,那么司法就应当以更为艺术的方式来介入民主政治中的权利保护。

如同上文所分析的,法院在民主政治中具有两面性,一方面法院深嵌于民主政治之中,法院自身的人员构成与宪法解释必然会受到民主政治的影响;另一方面,法院也可以超脱于民主政治,在

---

① Robert Post & Reva Siegel, "Roe Rage: Democratic Constitutionalism and Backlash", 42 Harv. C.R.-C.L. L. Rev. 373, 376(2007).

民主政治中发挥自己独特的能动性。基于这两种特征,我们可以从比较制度性功能的角度,分析法院在宪法权利保护方面应当采取的姿态。

一方面,法院在争议性权利案件中首先应当保持审慎(prudence)。①对比法院和其他政府分支的行为,可以发现法院进行司法审判活动的一大特征就是依赖于"言辞"。如同《联邦论》所说,司法"既没有钱也没有剑"。②这种特征除了使得法院成为"最不危险的分支"之外,也使得法院的活动首先在一定程度上容易变得轻率和危险。一旦法院决定接受某个权利保护的议题并且不加考虑地进行解释,其所引起的社会后果就可能难以估量。这其中最为典型的就是上文提到的司各特案和洛克纳案,前者法院支持了对于奴隶的财产权,后者支持了自由契约的权利,在当时的历史语境下,这两种解释在社会中都有广泛的支持者。但在这两个案件中,法院轻率地接受了上诉案件并作出相应的解释,不但引起了政治上的严重后果,而且严重地伤害了法院的权威。在这个意义上,法院的确应当避免过于自大而轻率。如同汉德法官所说,法院应当保持"怀疑、容忍、挑选、文雅以及某些程度的——不过不能太多——对于变化的抗拒,对于比例性的坚持,以及最为重要的,在

---

① 参见 Mary Ann Glendon, *A Nation Under Lawyers*, *How the Crisis in the Legal Profession is Transforming American Society*, Cambridge, Mass.: Harvard University Press, 1994, p. 238.

② Alexander Hamilton, James Madison, and John Jay, *The Federalist Papers*, Indianapolis: Liberty Fund, 2001, No. 78.

未知面前保持谦卑"。①

另一方面,审慎与谦卑并不是法院的终极追求。在争议性权利保护方面,法院应当发挥领导性作用,以实践理性的智慧来引领与形塑公共意见。如同亚历山大·毕克尔(Alexander Bickel)教授所说:"法院是意见的领导者,而不仅仅是意见的背书者,法院必须引领意见,而不仅仅是强加自己的意见。"②在面对所谓的司法的"反多数难题"时,应当意识到非民选的法院完全可以比国会更有利于凝聚共识,只不过这种共识的凝聚应当是更为长远和根本性的,应当反映人民的长期的根本性的意志。一旦法院能够成为这种人民的长期意志的守护者,那么法院对于宪法权利的解释就可以为法院赢得尊严,为民主政治增添力量。即使法院对于宪法权利的解释可能引起一部分群体的暂时性的失望,或者引起权利保护的暂时性反弹,但只要法院坚守这种安东尼·克隆曼(Anthony Kronman)教授所谓的司法的"内在价值"③,法院就能成为公共意见的领导者,引领社会对于权利保护形成共识。

在一定意义上,我们或许可以把法院尤其是最高法院视为是一个"讲坛",这样一个讲坛要求法院对争议性权利采取高度审慎的态度,通过其内部成员的审议(deliberation)而发现对于一个社会最

---

① Learned Hand, Forward to Williston, Life and Law, in Irving Dillard (ed.), *The Spirit of Liberty: Papers and Addresses of Learned Hand*, New York: Alfred A. Knopf, 1953, p.142.

② Alexander M Bickel, *The Least Dangerous Branch: The Supreme Court at the Bar of Politics*, New Haven: Yale University Press, 1962, p.239.

③ Anthony Kronman, *The Lost Lawyer*, Cambridge, Mass.: Harvard University Press, 1995, p.3.

为根本性的权利与价值,并且选择合适的时机宣告并说服大众。①当法院丧失了介入敏感权利议题的勇气和说服大众的能力,放弃了对赛先生的追求,那么最高法院就可能丧失相对于其他政治机构的优势,就会在民主政治中显得无所适从,备受质疑。

---

① 在这一点上,法院除了需要实践理性的判断能力之外,还应当具备修辞的能力,参见 Bryan Garsten, *Saving Persuasion: A Defense of Rhetoric and Judgment*, Cambridge, Mass.: Harvard University Press, 2003。

第 四 章

自由主义与总统政治

——共和传统中的紧急状态与理性政治

美国是一个具有深厚"共和主义"传统的国度,警惕权力对自由的侵蚀,这是美国自革命和建国以来长久的传统。[①]在这一传统看来,权力往往和民主制度或德先生具有天然的亲近关系。因为民主制度很可能会使得权力集中在某一个人或某个部门手中,威胁共和制度的存续。

美国的国父们因此特别倚重权力的分立和制衡制度,通过分权制衡来防止"权力逐渐集中在某一部门"。[②]在当时的新大陆上,君

[①] 参见 Bernard Bailyn,*The Ideological Origins of the American Revolution*,Cambridge,Ma:Harvard University Press,1967,p. 29。在这本共和主义修正学派的经典之作中,贝林考察了美国意识形态的多种来源,认为美国革命最普遍的关注点是权力和阴谋对自由的腐蚀。

[②] George W. Carey,James McClellan,eds.,*The Federalist Papers*,Indianapolis:Liberty Fund,2001,p. 268.

主已不再存在,行政权相对弱小,在刚刚经历了英国议会压迫的美国国父们的眼中,国会自然而然地成了他们最为担心的最强大和最危险的部门。就像麦迪逊在《联邦论》第 51 篇中所断言的:"在共和政府中,立法权不可避免地会占据统治地位。"①为了防止美国共和制度重蹈英国议会暴政的覆辙,国会成了分权制衡中的"重点关照对象"。

但到了 20 世纪,随着一系列的制度变迁和社会变迁,行政机关慢慢地变成很多自由主义者眼中最危险的部门,总统开始替代国会成为他们眼中最值得警惕的对象。自从 20 世纪以来,几乎所有的总统都曾被称为"独裁者"或被认为拥有"独裁性的权力"。②在 1973 年出版的著作中,小施莱辛格则将美国总统称为帝制总统(imperial presidency),并声称杰斐逊所预言的"行政权的暴政"几乎"已经快要实现"。③而进入 21 世纪,随着美国反恐战争的爆发和总统权力的扩张,行政权扩张已经成为自由主义者特别是自由主义法学家的噩梦,在他们看来,如果再不采取措施,美国将迟早为现代凯撒或现代克伦威尔所接管,美国两百年来所实行的共和制度

---

① George W. Carey, James McClellan, eds., *The Federalist Papers*, Indianapolis: Liberty Fund, 2001, p. 269.
② Stuart Taylor Jr., "The Man Who Would Be King", *Atlantic Monthly*, Apr. 2006, pp. 25—26.
③ Arthur Schlesinger Jr., *The Imperial Presidency*, Boston: Houghton Mifflin, 1973, p. 377.

终将消亡。①

有趣的是,行政权的扩张曾经被自由主义法学视为是美国民主政治或德先生的胜利,权力扩张最大的两位总统——林肯和罗斯福——曾被视为是最伟大的总统,宪政民主和共和制度的守护者。为何行政权会急遽扩张,并从自由主义法学理论中的宪政民主的"守护者"变成宪政民主的"威胁者"?

本章将对这一问题进行历史和理论的分析。本章将指出,行政权之所以会在某些时候急遽扩张,是因为行政权的比较性优势,行政权在处理紧急状态时的效率要远高于其他权力分支;同时,宪法中的条款和宪法本身则为行政权的扩张提供了法律上的路径。而第二次世界大战之后的行政权之所以被自由主义法学视为"最危险的部门"②,其原因在于自由主义法学家认为紧急状态和行政特权被滥用,使得美国政治越来越趋向于非理性。因此,自由主义法学越来越多地求助于对紧急状态下的行政权进行宪法和法律规制,以实现最大程度的理性政治。但问题在于,自由主义法学的理性框架无法理解紧急状态的本质。自由主义法学将紧急状态视为非政治的,将恐怖主义导致的死亡和其他风险的死亡同等看待,将

---

① 参见 David Dyzenhaus, *The Constitution of Law: Legality in a Time of Emergency*, New York: Cambridge University Press, 2006; Charlie Savage, *Takeover: The Return of the Imperial Presidency and the Subversion of American Democracy*, New York: Little, Brown, 2007; Peter M. Shane, *Madison's Nightmare: How Executive Power Threatens American Democracy*, Chicago: University of Chicago Press, 2009; Garry Wills. *Bomb Power: The Modern Presidency and the National Security State*, New York: Penguin, 2010; Bruce Ackerman, *The Decline and Fall of the American Republic*, Cambridge, Mass.: The Belknap Press of Harvard University Press, 2010。

② Bruce Ackerman, ibid., p. 15.

罪犯和敌人同等看待,这误解了政治的逻辑。紧急状态之所以很难以法律来预期和规制,主要原因就在于紧急状态和行政权的决断遵循的更多的是政治的逻辑,而非纯粹理性的逻辑。

一、紧急状态与行政权扩张

行政权扩张的一个重要原因就在于行政权在处理紧急问题的时候效率要远高于其他行政机关,这使得行政权在宪政实践中往往处于优势地位。早在美国建国之初,行政权的这种优势就已经在一些案例中表现出来了。1803年,西班牙秘密地将路易斯安那地区归还给法国,这给了新成立的美国一个购买和控制新奥尔良和密西西比地区的良机。国会授权去法国的特使以200万美元的款项,以购买该地区。但是出乎美国特使意外的是,拿破仑表示法国愿意以1500万美元出售相当于当时美国领土总面积的整个路易斯安那地区。这样的价格让当时的杰斐逊总统喜出望外,在国会还没有授权之前,就签署了这一条约,在条约中规定路易斯安那地区将成为美国领土,并且这一领土上的居民将成为美国公民。杰斐逊之所以在这一事项上如此急切,不顾美国宪法明确地将外国人归化为美国公民的权力授予国会的规定,是因为这种机会千载难逢,转瞬即逝。事实上,拿破仑不久就开始反悔。如果由国会来处理这一问题,进行无休止的讨论和争吵,那么这一条约就有夭折的可能。杰斐逊因此在一封通信中表示,"不论国会认为它应当做什么,它都应当越少讨论越好"。①相比起行政权的果断迅速,国会在行动上显得迟钝缓慢,难以有效地处理紧急问题。

在所有的紧急状态中,战争无疑是最典型,也是最能够促使行政权扩张的。正如总统制专家、因在小布什政府司法部撰写酷刑备忘录而闻名的约翰·柳(John Yoo)所说,"战争对于行政权就像是一剂催化剂,它使得行政权燃烧得更明亮,更迅速"。②在战争中,总统往往大权在握,决定和战争相关的各种国内外政策。在某些时期,总统甚至会乾纲独断,把国会和司法机关撇在一旁。例如,宪法明确规定,搁置人身保护令(即被拘留的个人都有权在法庭对个人拘留的合法性提出申诉)的决定只能由国会作出,但在美国内战时期,林肯在没有国会授权的情况下,单方面发表行政命令,授予当时的北方将领司各特(Winfield Scott)以搁置人身保护令的权力。尽管最高法院首席大法官唐尼(Roger Taney)在米利根案(Ex Parte Merryman)中对此感到"非常震惊",并指出"除了国会的行为之外,人身保护令的特权无法被搁置"③,但林肯并没有遵从法院的判决而撤回搁置人身保护令的决定。除此之外,林肯在国会还没有确认战争的情况下,宣布封禁南方邦联的港口并授权没收经过该港口的所有船只。④在正常状态下,林肯的这些做法几乎肯定会

---

① David N. Mayer, *The Constitutional Thought of Thomas Jefferson*, Charlottesville and London: University Press of Virginia, 1994, p. 230.
② John Yoo, *Crisis and Command: A History of Executive Power from George Washington to George W. Bush*, New York: Kaplan, p. vii.
③ Ex parte Merryman, 17 F. Cas. 144 (1861). 在此案中,唐尼是以一个联邦巡回法官的身份进行审判的。
④ 在普莱斯案(The Prize Cases)中,最高法院确认林肯的这一行为合宪。参见 The Prize Cases 67 U. S. 635 (1863)。

因为其不具备合宪性而遭遇强烈的反对,但在战争的背景下,虽然一些人质疑林肯的做法,但当时的主流力量仍然支持林肯的这些决定。在这一系列战时措施颁布之后,国会在随后的几年里通过了一系列立法,回溯性地认可了这些措施的合法性。①

行政机关在紧急状态下更有效的原因在于,首先,行政机关收集和处理有关紧急问题的信息更有优势。在普通时刻处理普通议题时,行政机关和其他机关在信息分享上可能并没有太大的差别。毕竟,如果某个议题并不属于国家机密,那么信息的流通将不存在壁垒性的障碍,妨碍信息流通的只可能是各个权力分支的专业性水平。行政机关固然有各个专业性很强的行政部门,但国会也拥有各种专业委员会、议员幕僚、利益集团来帮助国会成员分享信息。②真正导致信息收集和处理差距的在于某些涉及紧急状态的议题,例如对外政策和国家安全。在这些议题上,行政机关在这些领域的专业人员很多,比如美国现行军事系统中工作的属于行政机关的雇员就多达120万人。而相比之下,国会则几乎没有太多专职处理这类问题的人员。③更重要的是,行政机关的科层制可以使得此类信息得到很好的处理。一方面,信息可以通过筛选和层层上报而得到汇总和流通,从而在行政最高层那里形成一个信息池

---

① 1861年8月6日:国会回溯性地批准了"总统所有关于美国军队和海军的行为、公告和命令",但不清楚这是否包含了对人身保护令的搁置;1863年3月3日:国会通过了一项人身保护令法案,规定"在目前的叛乱时期,一旦美国总统判定公共安全需要,他就有权在美国的任何地方,任何案件中搁置人身保护令的特权"。
② 参见 Keith Krehbiel, *Information and Legislative Organization*, Ann Arbor: The University of Michigan Press, 1991, pp. 254—257。
③ 参见美国劳工部在2011年8月所提供的统计数据,http://www.bls.gov/ooh/military/military-careers.htm。

(information pool)。①另一方面,行政部门的科层制也使得信息能够得到较好的保密。行政官员所掌握的信息密级往往根据其职位和级别的不同而不同,一旦出现泄密情况,行政系统可以很快地追查到泄密者。而国会则人多耳杂,一旦将机密信息透露给国会,那么该信息将极有可能很快为公众所知。②同样,对于法院来说,无论是在关于紧急议题的信息收集和专业能力方面,还是在这些信息的处理和保密方面,法院也无法与行政机关相媲美,甚至无法与国会相比。③法院自身也深知这一点,因此,在美国最高法院长达两百年的判例中,真正对总统行政权力说"不"的判例其实并不多,在大多数情况下,法院即使部分否定总统的行政命令,也会在专业问题上对总统的行政判断保持尊重。④

行政机关不仅仅在收集和处理事关紧急议题的信息上更具有优势,而且在紧急状态下也更可能作出迅速的决断。在紧急状态下,信息的快速流通和时局的千变万化往往要求决策者当机立断,作出具有统一意志的决策。无论是上面提到的购买路易斯安那的土地,还是战争状态下的各种决定,如果决策者犹豫不决,或者进行马拉松式的讨论(deliberation),都会导致机遇的丧失或危机的升

---

① 参见 Cass R. Sunstein, *Infotopia: How Many Minds Produce Knowledge*, New York: Oxford University Press, 2006。
② Eric A. Posner & Adrian Vermeule, *The Executive Unbound: After the Madisonian Republic*, Oxford: Oxford University Press 2010, p. 26.
③ Neil K. Komesar, *Imperfect Alternatives: Choosing Institutions in Law, Economics and Public Policy*, Chicago: University of Chicago Press, 1994, pp. 141—142.
④ 例如,在 Boumediene v. Bush 案中,虽然法院对总统搁置人身保护令的决定作了最大程度的否定,但其决定仍然是程序性的。参见 Boumediene v. Bush, 553 U. S. 723 (2008)。

级。就制度能力的比较而言,行政机关无疑更加果断和迅速。行政机关虽然也有为数众多的部门和成千上万的雇员,他们或许会形成不同意见,但总统有权对此进行裁决;如果某些行政人员总是提供违反总统意志的建议,那么总统可以行使权力将其解职。总之,总统可以通过各种手段的运用对各类意见进行汇总、筛选和控制,从而形成一个相对比较统一的行政意志。[1]而相比之下,国会则是背景身份各异的一群人的集合体,往往面临着制度经济学中所说的集体行动(collective action)的难题。[2]用哈佛大学政治学家肯尼斯·谢斯尔(Kenneth A. Shepsle)的话来说,国会是一个复数的他们,而不是单数的它(Congress Is A 'They', Not An 'It')。[3]这种特征使得国会很难迅速地作出统一的决策。同样,法院也不是一个单一的"它",法院中的法官相互独立,他们彼此之间并不相互负责。而且,不同法院之间也不相互隶属和领导,不同的法院也往往拥有不同的审判意识形态和对法律的理解,这都使得法院不可能在紧急状态下迅速达成统一的决策以应付危机。[4]在非紧急状态下,深思熟虑后的决策或许是一种优点,但在紧急状态下,无所作为或迟到的作为将会带来灾难性的后果。

---

[1] 因此,不少学者以"单一行政理论"(unitary executive theory)来形容行政部门的这种特征。参见 Lawrence Lessig & Cass. Sunstein, "The President and the Administration," *Colum. L. Rev.*, Volume 94 (1994); Christopher Berry & Jacob Gersen, "The Unbundled Executive", *U. Chi. L. Rev.* (2008).

[2] Mancur Olson, *The Logic of Collective Action*: *Public Goods and the Theory of Groups*, Cambridge, Mass.: Harvard University Press, 1965.

[3] Kenneth A. Shepsle, "Congress Is A 'They,' Not An 'It': Legislative Intent As Oxymoron", *International Review of Law and Economics* vol. 12 (1992), p. 239.

[4] 参见 Richard A Posner, *The Federal Courts*: *Challenge and Reform*, 2nd ed., Cambridge, Mass.: Harvard University Press, 1996.

最后一个使得行政机关在处理紧急状态时具有优势的原因或许在于行政权更善于权谋,更善于作出较好的决断。"革命不是请客吃饭,不是做文章,不是绘画绣花,不能那样雅致,那样从容不迫,文质彬彬,那样温良恭俭让。"①紧急状态也不是"请客吃饭"。在紧急状态下,国家往往面临着难以对付的敌人和对手,而这就意味着决策者在收集处理信息和作出决策的前提下,也必须同时善用权谋,而不能过于"文质彬彬,温良恭俭让"。在这一点上,行政机关显然拥有国会和法院所不具有的长处。行政机关可以"虚虚实实",通过信息的隐藏和保密来向敌人和对手传递虚假信号,在斗争或谈判中取得优势地位。而国会和法院则由于人多耳杂,很难设计和运用精巧的权谋。

二、行政权扩张的宪法路径

如果说紧急状态是行政权扩张的客观原因,那么美国宪法则为行政权能够扩张留下了法律上的后门。宪法规定,总统拥有任命内阁成员,特别是最高法院法官的权力,他也有权否决国会以简单多数通过的立法,同时他还拥有赦免除了弹劾之外的其他所有罪行的权力。这些广泛的权力使得总统能够在与国会和法院的较量中拥有很多讨价还价的筹码。但是,更值得注意的是,宪法中的一些条款还授予总统以特殊的权力和职责,这些条款为行政权突破

---

① 《毛泽东选集》(第一卷),人民出版社1991年版,第17页。

正常状态下的行政权力边界提供了有力的"法律武器"。

首先,宪法规定,总统不仅仅是行政权的首脑,而且还是"合众国陆军、海军和征调为合众国服役的各州民兵的总司令"(commander-in-chief)。①这使得总统在战争时期可以声称其权力的行使是在执行宪法所要求的军事权力。例如,在"9·11事件"之后,小布什总统发布了行政命令,授权国防部建立军事法庭,对所有总统个人认定为和卡伊达组织有牵连的个人进行审判并要求军事法庭设定特殊的审判程序,规定只要有三分之二的法庭成员认定某人有罪,就可以对其进行定罪量刑。同时,该行政命令还规定,军事法庭的管辖权是排他性的,其他任何法庭都不得接受针对军事法庭的上诉,只有总统本人可以对军事法庭的审判结果进行复议。②尽管法院在一系列案件中对这一行政命令进行了一定的限定,但从总体上说,法院仍然接受了总统设立军事法庭的合法性。③通过诉诸总统在军事问题上的领导权,宪法为总统提供了一条扩张其权力的合法路径。

其次,宪法还有一条可以为总统权扩张而辩护的万能条款:切实执行法律条款(take care clause)。宪法规定:总统"应负责使法律切实执行"。④这条法律使得总统可以为其在紧急状态下所采用的

---

① 美国《宪法》第 2 条第 2 款。
② Detention, "Treatment, and Trial of Certain Non-Citizens in the War Against Terrorism", 66 *Fed. Reg.* 57, 833 (Nov. 13, 2001).
③ 参见 Hamdi v. Rumsfeld, 542 U. S. 507 (2004); Rumsfeld v. Padilla, 542 U. S. 426 (2004); Rasul v. Bush, 542 U. S. 466 (2004); Hamdan v. Rumsfeld, 548 U. S. 557 (2006); Boumediene v. Bush, 553 U. S. 723 (2008).
④ 美国《宪法》第 2 条第 3 款。

许多极端措施辩护,因为总统可以声称,如果他不采取措施,他就无法让许多法律得到切实的执行,他就违反了宪法所要求的职责。在南北战争时期,针对一些人指责搁置人身保护令违反了宪法,林肯就凭此尖锐地指出,在将近三分之一的州,宪法和法律都处于无法执行的状态;难道"应当让除了一个条文之外的所有法律都不被执行吗,为了避免一个条文被违反,就应当让政府溃散吗"?①在林肯看来,如果总统只是为了避免这一个条文不被违反而最终导致政府的溃散,那么他同样违反了切实执行法律条款和宪法所规定的总统所必须宣誓的誓言。②

事实上,林肯的宪法论辩更具有创造力,他不仅仅在宪法内部条文中寻找总统权力的合法性,而且他在宪法整体中寻找合法性的辩护。他将宪法本身看做一个法律条文,其中包含了可以搁置人身保护令的权力。林肯认为,总统宣誓的誓言已经授予了他一种特殊的宪法责任,这种责任要求"通过所有可能的方法去保存宪法作为其基本法的政府和民族"。因此,"如果某些方法对于保存宪法——通过保存民族——不可缺少,那么即使这些方法在其他情况下违宪,也会变得合法"。③林肯的这种对宪法的扩张解释让人

---

① 林肯的引文来自于他在 1861 年 7 月 4 日对国会的著名演讲,参见 Paul Brest, Sanford Levinson, Jack M. Balkin, Akhil Reed Amar, and Reva B. Siegel, *Processes of Constitutional Decisionmaking*, 5th ed., New York: Aspen L. & Bus. 2006, p.278.

② 《宪法》第 2 条第 2 款规定:"总统在开始执行职务前,应作如下宣誓或代誓宣言:'我庄严宣誓:'我一定忠实执行合众国总统职务,竭尽全力维护、保护和捍卫合众国宪法'。"

③ Letter from Abraham Lincohn to Albert Hodges (Apr. 4, 1864), in Roy P. Basler (ed.), *The Collected Works of Abraham Lincoln* vol. 7, New Brunswick, NJ: Rutgers University Press, 1953, p.181

想起马歇尔在麦卡洛克诉马里兰州案中著名的意见:国父们制定宪法的目的"是为了让其永世长存,为了能够适应多种多样的人类危机"。①宪法,如同其他所有的事物一样,其首要的目标是为了保证其自身以及美利坚合众国的生存;其自身并不是一部自杀契约。②

林肯的这种宪法策略也为富兰克林·罗斯福所沿用,在大萧条和第二次世界大战时期,罗斯福总统极大地扩张了总统权力并对其作了宪法上的辩护。例如,在1942年,当罗斯福准备入侵北非时,美国国内正面临着严重的通胀问题,而国会却在当年制定了一项价格控制法,否认政府设定农场最高价格的权力。对于这条引起美国基本食物物价飙升,可能威胁战争胜利的法律,罗斯福威胁国会,如果国会不撤销这条法律,他将不执行这条法律。在对国会的讲话中,罗斯福宣称:"在宪法和宪法性条约之下,总统有权采取必要的措施去避免一场会威胁战争胜利的灾难……如果国会没有行动,或者没有采取足够的行动,那么我将责无旁贷地采取行动。"③如同林肯一样,对于罗斯福来说,在紧急状态下采取措施保证战争的胜利,这不仅仅是紧急状态的要求,而且也是宪法所授予的权力和要求的职责。

林肯和罗斯福的宪政理论和实践极大地改变了之前行政权和宪法之间的关系。对于二者的关系,洛克曾经在《政府论》下篇对

---

① McCulloch v. Maryland,17 U. S. 316 (1819).
② Richard A. Posner, *Not a Suicide Pact: The Constitution in a Time of National Emergency*, New York: Oxford University Press, 2006.
③ 88 Cong. Rec. 1044(1942).

行政特权（prerogative power）的论述中进行过详细阐释，洛克认为，在紧急时刻，行政首脑的首要任务是保护国家，而不是遵循法律。因此，紧急时刻下的行政权是外在于宪法的。① 同样，杰斐逊也指出，法律本身只是一种手段，而非目的，遵循法治的原则并不是公民最高的德性，公民最高的职责是"自我保存以及在危机时刻拯救国家"。② 对于洛克和杰斐逊来说，紧急时刻的行政权是外在于宪法的特权。而林肯和罗斯福则将这种关系更推进了一步，对于林肯和罗斯福来说，紧急时刻的行政特权是内在于宪法的权力，紧急时刻对行政特权的行使本身就是宪法性的权力和责任。③

三、从宪政民主的守卫者到宪政民主的威胁者
——自由主义理论中的行政权

如果说紧急状态中行政权的扩张既是一种现实的需要，又具有宪法上可以辩护的途径，那么按理说行政权扩张不应该成为一个问题。事实上，在第二次世界大战之前，最明显违反某些宪法条文，扩张行政权的就是林肯和罗斯福这两位被认为是美国历史上最伟大的总统。林肯不但是废奴主义者，而且挽救了美国的南北

---

① 参见〔英〕洛克，《政府论（下篇）》，叶启芳、瞿菊农译，商务印书馆1964年版，第14—15章。
② Letter from Thomas Jefferson to John Colvin (Sept. 20, 1810), in Andrew A. Lipscomb (ed.), *The Writings of Thomas Jefferson*, vol. 12, Washington, DC: The Thomas Jefferson Memorial Association, p. 417.
③ 对于这种从宪法外部寻求总统特权到宪法内部寻求总统特权的变化，小施莱辛格称之为"令人震惊的创新"（striking innovation）。Arthur Schlesinger Jr., *The Imperial Presidency*, Boston: Houghton Mifflin, 1973, p. 60.

分裂;罗斯福总统则不仅仅带领美国走出了大萧条的经济危机,开启了福利国家的道路,而且成功地赢得了第二次世界大战的胜利。或许在当时的某些人的眼里,林肯与罗斯福对行政权的扩张破坏了法治的原则,但在现当代的学者看来,无论是自由派还是保守派都在一定意义上认同,林肯和罗斯福对行政权的扩张是民主政治的胜利和美国宪政的独特道路。也因此,研究美国宪政的学者认识到,美国的宪政实践需要超越简单的法治主义的理论来加以解释。正是在这样的历史感的指引下,阿克曼提出了他的二元宪政理论,他认为美国在常规的宪法政治之外,还存在着一些特殊的宪政时刻(constitutional moment)。在这些特殊的宪法时刻,人民通过广泛的政治参与行使人民主权,在宪法第五修正案所要求的程序之外修订宪法。在阿克曼看来,在特殊的宪政时刻,某些行为不一定是合法的(legal),但却具有正当性(legitimate)。[①]而科林顿·罗西特则将古罗马宪法中的专政官(dictator)的概念加以改造,以宪政独裁(constitutional dictatorship)这一术语来解释林肯和罗斯福的宪政实践。罗西特认为,在紧急状态下,为了更加容易处理紧急状态,总统权力将不可避免地膨胀甚至走向独裁:宪法权力将集中在总统身上;政府政策将突破其平日的限度;行政机关将不

[①] 参见 Bruce Ackerman, *We the People*: *Foundations*, Cambridge, Mass.: Harvard University Press, 1990; Bruce Ackerman, *We the People*: *Transformations*, Cambridge, Mass.: Harvard University Press, 1998。

受宪法禁令的限制。①而且,为了民主制度的存在,这种暂时性的对民主的搁置和对独裁的容忍是必不可少的。罗西特在文中写道:"对于我们的民主而言,我们可以牺牲任何东西,其中当然包括了对民主本身暂时性的牺牲。"②

风水轮流转。如果说林肯和罗斯福享受了在历史和宪政理论上的超凡待遇,被视为美国宪政民主的守护者,那么在占据宪法和政治理论主流的自由派学者看来,第二次世界大战之后的总统则更多地被视为美国共和的威胁者。第二次世界大战之后,一系列的政治、社会和文化变迁使得行政权成为有可能破坏美国宪政民主的最危险的部门。

首先,尽管第二次世界大战之后美国再也没有正式地对某国宣战,战后美国所采取的对外军事行动的规模也远不如南北战争和第二次世界大战,但行政权还是开始持续扩张。第二次世界大战之前,尽管林肯曾经"在(1861年)4月15日(战争爆发之际)到7月14日(国会召开)的十个星期的时间内是一个绝对的独裁者"③,但在战争结束之后,总统的权力迅速缩减。这或许是因为机缘巧合,因为林肯被刺杀,而继任的安德鲁·约翰逊总统则在政治立场

---

① Clinton Rossiter, *Constitutional Dictatorship: Crisis Government in the Modern Democracies*, New Brunswick, NJ: Transaction, 2005, p. 188. ("在宪政民主的生活中,如果独裁形式能够从某种程度上替代民主形式,而且如果行政机关被赋予权力采取强有力的行动而不需要过多的讨论和妥协,那么政府将可以更容易管理一个重要的紧急状态。")

② Clinton Rossiter, *Constitutional Dictatorship: Crisis Government in the Modern Democracies*, New Brunswick, NJ: Transaction, 2005, p. 314.

③ Giorgio Agamben, *State of Exception*, Kevvin Attell trans., Chicago: The University of Chicago Press, 2005, p. 20.

第四章 自由主义与总统政治

上和当时的共和党人相左,在战后的重建中被共和党人所把持的国会所严重制约。但不论如何,林肯的宪政独裁没有持续,并没有使行政权一直保持独大。或许正是因为如此,在一篇写于第一次世界大战之际的文章中,宪法学家考文写道:"在战争的热火中,总统权力会极度扩张,但是当正常的秩序得到恢复,它们会以同样的速度迅速缩减。"①在当时的考文看来,之后美国的宪政实践也将遵循同样的规律,随着美国远离大规模的战争,总统权力也将随之恢复到战前的状态。但是许多年之后,总统行政权力不断扩大,在事实面前,考文也不得不改变看法,认为战争并不仅仅会改变战时的宪政实践,而且"战争时期的宪法实践会同样或多或少地改变和平时期的宪法……因为在每一次连续性的危机中,早先的危机的宪法产物会以累积性和放大性的形式出现"。②因此,第二次世界大战后总统行政权并没有随着战争的结束而收敛。相反,如同小施莱辛格在《帝制总统》所说,总统权在第二次世界大战时候才刚刚开始"复活"(resurgent)。在第二次世界大战后的朝鲜战争时期,总统权开始进一步取得"优势地位"(ascendant),并在越战时变得"猖獗"(rampant)。③

小施莱辛格的《帝制总统》写于水门事件刚刚发生不久的1973年,在此之后若干年里,国会通过了一系列的法案来约束总统权

---

① Edward Corwin, *War*, *The Constitution Moulder*, New Republic, XI, 153—155; June 9, 1917, p.153.
② Edward Corwin, *The President, Office and Powers, 1787—1948: History and Analysis of Practice and Opinion*, New York: New York University Press, 1957, p.262.
③ 参见 Arthur Schlesinger Jr., *The Imperial Presidency*, Boston: Houghton Mifflin, 1973.

力:例如约束总统在海外使用武力的《战争权力决议》(War Powers Resolution)①,限制行政部门发布紧急状态的《国家紧急状态法》(National Emergencies Act)②,限制行政权进行经济制裁和控制的《国际经济紧急权力法案》(International Economic Emergency Powers Act)。③但是,即使国会明确通过了这些约束行政权的法律,总统权依然迅速地膨胀,并不断地违反这些白纸黑字的法律条文。例如,在伊朗门事件(Iran-contra Affair)中,里根总统违背国会明确的规定,秘密地以第三方的途径向敌国伊朗出售武器,并以其收入为尼加拉瓜反政府武装提供支持。而对于《战争权力决议》为总统设定的使用武力的条件和期限,里根、克林顿和奥巴马都以实际行动表明,这个规定并不能约束总统作为三军总帅的权力。④事实上,自从1973年以来,所有的总统都声明,1973年国会通过的《战争权力决议》是违反宪法的。⑤同样,对于国会在1976年通过的《国家紧急状态法》,尽管其中规定了国会对总统宣布紧急状态的复议,但其实根本无法约束总统援引紧急状态来为自身的权力辩护。在实践中,"只要总统说这是一个国家紧急状态,这就是一个国家紧

---

① War Powers Resolution, Pub. L. No. 93—148, 87 Stat. 555 (1973).
② National Emergencies Act, Pub. L. No. 94—412, 90 Stat. 1255 (1976).
③ International Economic Emergency Powers Act, Pub. L. No. 95—223, 91 Stat. 1626 (1977).
④ 1981年里根总统授权美军在萨尔瓦多的行动,1999年克林顿总统在科索沃的轰炸以及2011年奥巴马在利比亚的军事行动均没有寻求国会的批准或超过了时限。
⑤ 参见 Donald Rumsfeld, *Known and Unknown: A Memoir*, New York: Penguin, 2011, Chapter 1.

急状态"。① 自从1976年该法案通过,每任总统都曾经宣布过紧急状态。②

因此,如果说第二次世界大战之前紧急状态被认为是例外状态,那么第二次世界大战之后,紧急状态越来越普遍化、常规化。在政治辩论中,各种政治讨论都以"战争"的修辞来论证议题的合法性和紧迫性:例如反恐战争、反毒品战争、反贫穷战争;紧急状态被越来越多地用来证明权力运用的合宪性。在这种背景下,曾经只用来形容战争等严重危机的紧急状态成为政治生活中的家常便饭。用阿甘本的话说,"如今例外状态已然成为规则"(the state of exception has by now become the rule)。③

行政权不仅仅将紧急状态常规化从而得以扩张,而且还通过招募法律精英来为这种紧急状态常规化和行政权扩张提供充分的法律支持。例如,创立于1943年的白宫顾问办公室(White House Counsel)开始在法律意见中扮演越来越关键的角色。这个办公室直接听命于总统,在法律意见上和总统保持高度一致,而且,由于其招募的人才大都是最精英的法律人才,因此往往能够提供非常

---

① Glenn E. Fuller, "The National Emergency Dilemma: Balancing the Executive's Crisis, Powers with the Need for Accountability", 52 S. Cal. L. Rev. 1453(1979), p. 1458.
② 参见 http://fpc.state.gov/documents/organization/6216.pdf. 从1976年到2001年期间,总统32次宣布了紧急状态。
③ Giorgio Agamben, *State of Exception*, Kevvin Attell trans., Chicago: The University of Chicago Press, 2005, p. 9.

具有说服力的法律意见。①而在行政部门的分支中,司法部(The Justice Department)及其下属的法律顾问办公室(Office of Legal Counsel,一般简称为OLC)虽然在名义上仍然坚持提供独立的法律顾问,但随着第二次世界大战后政治制度及文化的变化,这个机构也变得越来越政治化,越来越唯总统马首是瞻,将效忠总统和实现总统意志视为最优先的选项。②曾经在小布什政府中担任司法部副部长、法律顾问办公室主管的杰克·歌德斯密斯(Jack Goldsmith)在书中坦承,司法部为总统提供的法律工作"既不像私人法律顾问那样,也不像法院那样保持政治上的中立"。每当他发现白宫在某项动议上存在法律问题,他总是"尽可能地通过其他法律上可能的方式来实现白宫的动议"。③事实上,在小布什时期,司法部甚至秘密起草了由约翰·柳(John Yoo)撰写、由杰伊·拜比(Jay Bybee)签署的酷刑备忘录(torture memos),该备忘录将一些普遍被认为是酷刑的审讯方式合法化。④在自由派看来,行政权内部的法律力量不仅仅没有成为总统行为合宪性审查的第一道防线,反而成为为

---

① 以奥巴马政府为例,半数白官顾问办公室的高级顾问毕业于耶鲁法学院和哈佛法学院,参见 Kamen, Al "The Nomination Express, Stuck in First Gear", *The Washington Post*, The Washington Post Company, (2009-02-02), http://www.washingtonpost.com/wp-dyn/content/article/2009/02/01/AR2009020101965.html。

② 其中最大的变化之一法律技术官僚越来越少,而政治任命越来越多,这就导致了该机构对总统的依赖越来越多,参见 Cornelia T. L. Pillard, "The Unfulfilled Promise of the Constitution in Executive Hands", 103 *Mich. L. Rev.* (2005)。

③ Jack Goldsmith, *The Terror Presidency: Law and Judgement Inside the Bush Administration*, New York: W. W. Norton & Company, 2007, p.35.

④ 著名的酷刑备忘录主要包括三个文件,他们分别是"Standards of Conduct for Interrogation under 18 U.S.C. sections 2340-2340A","Interrogation of al Qaeda"和一封 John Yoo 写给当时白宫总顾问 Alberto Gonzales 的信。这些文件提出,在反恐战争中,总统将可以合法地运用诸如水刑(waterboarding)、剥夺睡眠等方式来进行审讯。

第四章 自由主义与总统政治

总统权力扩张辩护,帮助总统突破宪法约束的帮凶。在法律力量的帮助下,行政权变得更加有恃无恐、难以制约。①

四、非理性政治:自由主义法学理论对总统制病根的诊断

总统行政权的不断扩张不仅仅让自由派学者对某些总统感到失望,而且对总统制本身感到焦虑。毕竟,不只是共和党总统扩张行政权,民主党总统对于总统单边权力的行使也不遑多让:司法部的政治化就是在卡特总统时期完成的②;克林顿总统在科索沃问题上完全不顾国会并未延长对外使用武力的时限。而曾经在芝加哥大学法学院教授过宪法课程的奥巴马总统也同样"劣迹斑斑":没有通过国会同意就对利比亚使用武力,没有经过任何审判和司法程序就直接用无人机炸死美国公民。③只是强调某位总统的"法治理念"显然已经不足以解释历任总统的相似行为;除非对总统制本身及其病根进行反思,否则将无法理解为何总统持续性地扩张其权力并突破宪法和法律的边界。

在阿克曼看来,导致总统权力扩张的病根在于理性政治的丧失

---

① 参见 Bruce Ackerman, *The Decline and Fall of the American Republic*, Cambridge, Mass.: The Belknap Press of Harvard University Press, 2010, pp. 87—116。
② 参见 John O. McGinnis, "Models of the Opinion Function of the Attorney General: A Normative, Descriptive, and Historical Prolegomenon", 15 *Cardozo L. Rev.* (1993)。
③ 2011年,奥巴马政府使用无人机将一名涉嫌恐怖主义的美国公民在也门暗杀。阿克曼在评论这一事件的时候认为,这是一件"国家丑闻",参见 Bruce Ackerman, Obama's Death Panel: The killing of an American citizen without due process is a national scandal, http://www.foreignpolicy.com/articles/2011/10/07/obamas_death_panel。

和非理性政治的流行。在《美利坚合众国的衰落与灭亡》一书中,阿克曼从各个方面分析了这种非理性政治是如何从各个领域蔓延、崛起并占据主流地位的。

在选举制度方面,总统越来越多地诉诸人民的情感或激情。当国父们开始制定美国宪法,他们心目中所设想的是远离民粹和僭主的共和政治。总统并非直选,而是通过选举团制度进行选举,将选举总统的权力给予了每个州中具有声望的人士。国父们希望通过制度的筛选来实现理性政治。但随后的历史发展则使得美国民主制度一步步地民主化。总统选举的权利从白人精英一步步扩展到所有的成年公民,而杰斐逊、安德鲁·杰克逊、林肯、罗斯福,一任又一任的平民总统也开始替代国会成为人民的代言人。阿克曼同时认为,1968年的总统初选制度的变革则使得总统候选人进一步地意识形态化。在此之前,总统初选人是由精英人士或党内元老协商产生,但在1968年之后,总统候选人开始由普通的民主党或共和党选民选出,这使得总统候选人在意识形态上变得非常激进。[①]

不仅总统选举诉诸非理性政治,而且整个政治竞争的文化都趋向于非理性。互联网的崛起使得人们更多地依靠一时的激情来作出选择,而非通过严肃和认真的反思来对待政治,这使得总统变得更倾向于迎合网民,更加意识形态化。而当总统入主白宫,他会发现,他的对手也同样使用各种非理性、措辞激烈的意识形态话语来

[①] 参见 Bruce Ackerman, *The Decline and Fall of the American Republic*, Cambridge, Mass.: The Belknap Press of Harvard University Press, 2010, pp.17—18.

指责他。例如共和党常常指责民主党总统实行共产主义,而不会讨论某项福利政策是否真的能帮助那些最弱势的底层人民;而民主党则常常指责共和党总统实行政教合一政策,而不去讨论某项宗教政策是否有益于人民德性的培养。在这种讲话不讲理的情况下,总统只能更多地依赖于他的行政团队,运用各种各样的手段来防御或打击对手,从而为自身赢得较高的民望支持率和政策运行的空间。而一旦这种"右翼煽动"(right-wing demagoguery)和"左翼煽动"(left-wing demagoguery)形成了恶性竞争,理性讨论的空间就会不断地被压缩,理性的声音将会淹没在喧嚣的争吵中。①一个证明的例子就是专业的新闻报道开始逐渐衰落:虽然现代信息的传输速度一直在加速,但严肃的具有深度报道的新闻越来越少,而诸如CNN和FOX这样的吸引人们眼球但缺乏深度的新闻媒体越来越成为人们关注的重心。

在《美利坚合众国的衰落与灭亡》一书中,阿克曼列举了现代体制下总统制所面临的三个最重要的危险:极端主义、非理性政治和单边主义。极端主义指的是总统开始和中间的选民变得疏远;非理性政治指的是总统越来越依赖于各种非理性的手段来行使总统权力;单边主义则指总统往往不顾国会和法院而独自采取行动。②实际上,我们可以看到,这三个危险中的核心仍然是非理性政治。在阿克曼看来,真正理性的政治是经过充分的对话和审议之

---

① Bruce Ackerman, *The Decline and Fall of the American Republic*, Cambridge, Mass.: The Belknap Press of Harvard University Press, 2010, p. 26.
② 参见 Bruce Ackerman, *The Decline and Fall of the American Republic*, Cambridge, Mass.: The Belknap Press of Harvard University Press, 2010, pp. 39—41。

后的政治,而现代体制下各种因素的变迁则恰恰扼杀了审议和对话需要的时间和耐心。远离了中间选民的极端主义、不理会国会和法院的单边主义之所以被阿克曼视为危险,就在于它们排斥依赖于对话和审议的理性政治,而依赖于某一小部分选民的意志或行政权的单方决断。

自从小布什政府卷入反恐战争,很多自由派和自由主义学者都表达了类似的对非理性政治的担忧。例如,前副总统戈尔就直接以《对理性的攻击》来描述和谴责小布什的非理性政治[①];而曾任克林顿政府劳工部部长的自由派学者罗伯特·里奇(Robert B. Reich)则在《理性:为何自由派将为美国赢得战斗》中表达了对非理性政治的不满和对理性政治的呼唤,在书中,他将那些不愿意诉诸对话的越来越占据美国政治主流的保守主义分子称为"激进保守派"(radcons),并提出了一些战胜他们的方法。[②]同样,对于著名的自由主义学者斯蒂芬·霍尔姆斯(Stephen Holmes)来说,理性的政治是唯一正当的政治。霍尔姆斯认为,国家政治就像是医院里的工作一样,二者都需要保护病人的安全,也都存在着危险和紧急状态。为了最大限度地保证最大多数病人的安全,医院需要为自己制定理性的规则并遵守之。同理,理性的国家政治也必须遵守规则,以规则——更准确地说是法律——来实现理性政治,才能保证个人的安全和幸福。在霍尔姆斯看来,小布什政府的反恐政治显

---

① 参见 Al Gore, *The Assault on Reason*, New York: Penguin Press, 2007.
② 参见 Robert B. Reich, *Reason Why Liberals Will Win The Battle For America*, New York: Vintage Books, 2004.

然是非理性的,它经常性地突破宪法和法律的限制,诉诸人们的恐惧来进行治理。不过,霍尔姆斯并没有简单地以个人野心来解释这种非理性政治的流行,相反,他更多地分析了导致这种非理性政治的现实性因素。例如在紧急状态的压力下,决策者会不希望暴露他们的错误,他们会恐慌并且感到不得不做些什么,他们不希望听到坏消息,或者他们变得不太会作长远打算。[1]总而言之,和阿克曼、戈尔和里奇的诊断一样,霍尔姆斯之所以将小布什政府视为危险的部门,就在于其实行的是非理性政治。

五、理性与政治的逻辑

自由主义法学家并非头脑简单的幼稚主义者,他们并不否认紧急状态的存在以及某些时刻权力集中的必要性。但是,在他们看来,第二次世界大战后的紧急状态很多并非真正的紧急状态,而是被人为制造出来的或至少是被加以放大和利用的紧急状态。如同一句著名的政治言论所说,"不能白白浪费危机"(A crisis is a terrible thing to waste)[2],如今危机已经成为总统扩张自身权力的"机遇",在每一次大大小小的危机中,总统都会利用和推动非理性政治,一步步地扩张自身的权力。

也因此,对于自由主义法学来说,解决之道就在于区分何谓真

---

[1] Stephen Holmes, "In Case of Emergency: Misunderstanding Tradeoffs in the War on Terror", 97 *Calif. L. Rev.* 301 (2009).

[2] Rahm Emanuel Thomas Friedman, "Kicking Over the Chess Board", *New York Times* W13 (April 18, 2004).

正的紧急状态,并且以宪法和法律规制紧急状态。如此,紧急状态就不会被具有野心或非理性的政治家加以利用,紧急状态也不会威胁理性政治的生存。如同霍尔姆斯所举的医院的例子,医院也有紧急状态,但医院有一整套的规则来应付和处理紧急状态,实现理性的治理。

正是在这种希望规制紧急状态,将紧急状态最大限度理性化的考虑,使得很多自由主义法学家提出了紧急状态的宪法。例如,在《下次攻击之前》一书中,阿克曼提出了一系列方案,以防止紧急状态下总统特权的常态化。阿克曼的主要设计是,总统可以在很短的时间内拥有广泛的特权,但是,随着时间的推移,他就必须得到国会的授权以继续拥有这种权力,而且,时间越长,他就需要越高比例的国会议员的同意。[1]阿克曼希望通过这种设计,一方面使得总统仍然有可能在真正的紧急状态下得到其需要的特权,另一方面则使国会真正负担起监督和制衡的功能,确认总统行使特权的时候是在真正的紧急状态下。阿克曼相信,如果这种紧急状态的宪法能够运行,非理性的政治意识形态将会得到最大限度的抑制,理性政治将通过不断的对话和审议而得以生存。

如上文所述,在自由主义法学的理性框架中,现代政治中的很多紧急状态其实并非紧急状态,很多战争也并非真正的战争。如同阿克曼所指出的,和阿富汗的战争可以视为战争,但和恐怖分子的战争不能视为战争,因为恐怖袭击是现代技术发展和军火市场

---

[1] Bruce Ackerman, *Before the Next Attack: Preserving Civil Liberties in an Age of Terrorism*, New Haven: Yale University Press, 2006.

监管不严所带来的后果。只要这两个前提条件不改变,那么社会中总会有极端人士从事恐怖主义,不论是俄克拉何马城爆炸案中的白人至上分子,还是"9·11事件"中的伊斯兰极端分子。[①]阿克曼据此认为,把恐怖主义上升到"敌人"的高度,并以"战争"的手段和方式来对付他们,是一种过度的非理性的反应。[②]真正理性的态度应当是把恐怖分子当成罪犯来看待,以刑事政策而非战争的手段来处理他们。

以理性的视角来看待阿克曼的论点,会发现其很有说服力。毕竟,恐怖主义只是刑事犯罪的升级版本,没有必要以战争的方式来处理。而且,如果更进一步地对恐怖主义进行成本收益分析,会发现反恐战争其实很不划算。[③]反恐战争的花费多达几万亿美元之巨,如果把同样的钱花在医疗或其他风险规制上,完全可能带来更多的福利:可以避免更多的人死亡或者给更多的人带来安全。[④]

但是,阿克曼没有处理的是,政治是否只是一项理性的事业?以纯粹理性的视角来看,"9·11事件"的死亡人数只有两千七百多人,不到美国一年车祸死亡人数的十分之一。这也正是医院的视

---

① 参见 Bruce Ackerman, Talk of 'war' is misleading and dangerous, http://www. law.yale.edu/news/3354.htm.

② 认为小布什政府对待恐怖主义反应过度是学院自由派的普遍共识,参见 Jack Goldsmith, *The Terror Presidency: Law and Judgement Inside the Bush Administration*, New York: W. W. Norton & Company, 2007, p.184。

③ 参见 John Mueller & Mark G. Stewart, *Terror, Security, And Money: Balancing The Risks, Benefits, And Costs of Homeland Security*, New York: Oxford University Press, 2011。

④ 这正是行为主义法律经济学所关注的重点议题,行为主义的主要论点就是,人们对于风险的认知往往会出现偏差,理性的风险规制应当避免这种心理认知的偏差。参见 Cass R. Sunstein (ed.), *Behavioral Law & Economics*, New York: Cambridge University Press, 2000。

角,对于医院来说,生命和死亡只有生物学上的意义,没有政治学上的区别,因为恐怖袭击而死和因为车祸而死没有任何不同。但是,这不是现实社会中的政治逻辑。在政治逻辑中,因为恐怖袭击而死和因为车祸而死具有截然不同的意义:前者是因为受到敌人的攻击而死,是国家和人民的受难者,对于国家和人民而言其死重于泰山;而后者则是因为纯粹风险而死,其死亡只有私人的意义,对于国家和人民而言其死轻于鸿毛。同样,如果不从政治的角度思考恐怖主义事件,也无法理解为何俄克拉何马城爆炸案和"9·11事件"会如此不同:俄克拉何马城爆炸案中的白人罪犯更多地被视为是罪犯,而"9·11事件"中的伊斯兰极端分子则更多地被视为敌人。这并不是因为"9·11事件"中的死亡人数要多于俄克拉何马城爆炸案,而是因为人们看待这两起恐怖主义中的当事人的视角不同:前者中的当事人虽然罪大恶极,但仍然被视为可改造的、脱离了社会规范的罪犯,而后者则被视为势不两立的敌人。[1]在政治的逻辑中,"9·11事件"不仅仅意味着死亡,更意味着受难和羞辱,而反恐也不仅仅是一场避免更多死亡的安全保障,它同时更是一场捍卫荣誉和尊严的战争。[2]

自由主义法学期望以规则和法律来规制所有的紧急状态,期望一视同仁地对待所有的死亡、战争、罪犯和敌人。但在很大程度

---

[1] 关于罪犯和敌人的区别,参见 Carl Schmitt, *The Concept of the Political*: Expanded Edition, George Schwab trans., Chicago: University of Chicago Press, 2007, p. 26。

[2] 参见小布什在"9·11事件"后对国会的演讲,"所有地区的所有国家现在都必须作出一个决定。要么你们和我们站在一起,要么你们和恐怖分子站在一起"。http://georgewbush-whitehouse.archives.gov/news/releases/2001/09/20010920-8.html。

上,这是一种幻想的政治。①这种政治期望以理性来衡量所有的事物,期望消除所有理性无法理解的事物。但政治恰巧无法忽视理性之外的考虑。或许在日常时刻人们可以遗忘它们,但一旦时机来到,这些政治性的因素就会浮出水面,提醒人们理性并非政治的全部。②这或许正可以说明,为什么对紧急状态的判断常常会出现如此大的分歧,在一些自由主义法学视为虚假紧急状态的地方和视为理性失败的地方,行政权却嗅到了政治的意义和行使决断的必要。

---

① Paul W. Kahn, "Torture and the dream of Reason", *Social Research* Vol. 78: No. 3: Fall 2011.
② Paul W. Kahn, "Philosophy and the Politics of Unreason", 97 *Cal. L. Rev.* 393 (2009).

第 五 章

政治神学视野下的美国宪法解释

——评巴尔金的《活原旨主义》

在美国宪法解释理论中,原旨主义(originalism)和活宪法主义(living constitutionalism)是最为主流也是截然相对的两种理论。而在某种意义上,这一对立的解释理论正代表了本书所谓的宪法中德先生与赛先生的对立,因为原旨主义更为强调宪法中的制宪者、文本或人民的民主意志;而活宪法主义则更为强调宪法的理性与科学,强调宪法的与时俱进。本章将从耶鲁大学法学院巴尔金教授所著的《活宪法主义》一书出发[①],对这一二元对立的范畴进行剖析。

具体来说,所谓原旨主义,指的是一种向后看的宪法解释模

[①] Jack M. Balkin, *Living Originalism*, Cambridge, Mass.: The Belknap Press of Harvard University Press, 2011.

式。原旨主义认为,除非经过《宪法》第 5 条所要求的正式修宪程序的修订,无论是总统、国会还是法院都必须受到宪法原意的约束,都不得改变宪法的原意。就像汉密尔顿在《联邦论》第 78 篇中所说的:"直到人民通过某些庄重和权威性的行为来改变现有的宪法形式,宪法无论是对人民集体还是对个人都具有约束力。"①在原旨主义者看来,宪法原意对后来者的约束,这是宪政主义的根本所在。

相对于原旨主义向后看的视角和强调宪法原意的约束力,活宪法主义则强调向前看的视角。活宪法主义认为,宪法解释应当"与时俱进",不应当受原始含义的约束。这种观念早在麦卡洛克诉马里兰案的判决意见中出现过,马歇尔大法官写道:"我们永远都不应当忘记我们解释的是一部宪法……制定者希望他能够永世长存,最终适应人类事务中的各种危机。"②对于活宪法主义者来说,如果仅仅寻求那些早已作古的制宪者的原意而不考虑当下和未来的现实,那么宪法将既不具有正当性也不具有实用性:不具有正当性是因为原旨主义遵循的只是那些死人的意志,不考虑当前人民解释宪法的权力③;不具有实用性是因为某些过时的宪法条文无法适应新时代的要求,严格的原旨主义将导致非理性甚至是荒谬的

---

① George W. Carey, James McClellan, eds., *The Federalist Papers*, Indianapolis: Liberty Fund, 2001, p. 268, p. 406.
② McCulloch v. Maryland, 17 U.S. 316 (1819).
③ 关于死人意志(dead hand)问题的讨论,参见 Adam Samaha, "Dead Hand Arguments and Constitutional Interpretation", 108 *Colum. L. Rev.* 606 (2008).

结论。① 活宪法主义者认为,因为美国宪法的修宪条款所设置的门槛太高,可以在修宪程序之外通过宪法解释来使宪法永葆生机。

原旨主义和活宪法主义历来被认为是高度对立的,然而在耶鲁大学法学院的杰克·巴尔金教授看来,这两种宪法解释理论其实并不矛盾,活宪法主义和原旨主义其实是"一个硬币的两面"。②据此,在2011年出版的新书中,巴尔金用一个看上去似乎是自相矛盾的词组来作为他新书的标题:活原旨主义(living constitutionalism)。

该书出版以来,在美国宪法学界引起了巨大的反响。桑福德·列文森教授(Sanford Levinson)在为此书写的推荐中认为,该书为自德沃金《法律帝国》出版以来最重要和最出色的宪法理论著作。③以宪法学研究而著称的耶鲁大学法学院则为此书召开了专门的会议,十几位宪法学界的重量级人物参加了会议。④而多个法律评论则是连篇累牍地发表了对于该书的书评。⑤此书之所以引起这么大的反响,除了作者本身的学术影响力之外,很大程度也是因为,巴尔金试图超越和综合这两种宪法解释理论努力,可以说是一次对美国宪法解释学的总结和清算,直接牵动了美国宪法解释中最为

---

① 例如美国《宪法》第2条第2款规定,"总统是合众国陆军、海军和征调为合众国服役的各州民兵的总司令",如果按严格的原旨主义解释这个条款,那么总统将无权指挥和调动空军,这显然是一个无法接受的宪法解释。
② Jack M. Balkin, *Living Originalism*, Cambridge, Mass.: The Belknap Press of Harvard University Press, 2011, p. 20.
③ Ibid.
④ 参见 http://www.law.yale.edu/intellectuallife/constinterp12_agenda.htm.
⑤ Harvard Law Review、Yale Law Journal、Stanford Law Review、Duke Law Review 等顶尖法律期刊都对此书进行了评论,而 Boston University Law Review、The University of Illinois Law Review 等期刊则更是组织了专题讨论。

核心和敏感的问题。

巴尔金为何要调和活宪法主义和原旨主义这两种看上去截然相反的理论进路？他对于二者的调和会成功吗？本章将对这些问题进行分析和回答。通过分析，笔者认为，巴尔金对活宪法主义和原旨主义的理论批判非常令人信服，活宪法主义和原旨主义并没有真正恰当地理解宪法和宪法解释。但同时，巴尔金自身的理论建构也存在类似的问题。要从理论上理解原旨主义以及美国的宪政实践，需要采取政治神学的视野，将美国视为一个伪装成世俗化国家的神学实体，唯此才能理解原旨主义长久占据宪法解释理论的原因。原旨主义理论是维系人民主权、建构人民想象的必要理论叙事。

一、巴尔金的活原旨主义

在《活原旨主义》的开篇中，巴尔金就指出，如果正确理解宪法的话，活宪法主义和原旨主义其实是相容的。而一旦理解了这一点，也就理解了美国宪政系统中的宪政变迁是如何发生的。为此，巴尔金提出了一种框架性原旨主义（framework originalism）的宪法理论，这种框架性原旨主义将宪法视为"一种治理框架，这种治理框架使得政治能够开始运转，美国人民必须通过渐进的宪法解释来完善它"。[①]而和这种框架性原旨主义相对的是巴尔金所称的摩

[①] Jack M. Balkin, *Living Originalism*, Cambridge, Mass.: The Belknap Press of Harvard University Press, 2011, p.21.

天楼原旨主义(skyscraper originalism),这种理论将宪法大致视为一种已经完成的产物,除非经过宪法第五修正案对宪法进行正式修订,否则将没有必要对宪法进行解释来完善它。在巴尔金看来,框架性原旨主义才是正确的宪法理论。制宪者们的确制定了宪法,但他们只是为宪法打好了地基,制定了框架,而并没有为美国人民盖好摩天楼,他们没有剥夺也不打算剥夺后来的美国人民通过解释宪法来完善宪法、为宪法添砖加瓦的权利。

那么每一代的人民应当如何解释宪法呢,人民是不是可以根据现实社会的需要任意解释宪法呢?针对此疑问,巴尔金提出了一个相关的宪法解释理论:文本与原则的方法(the method of text and principle)。这个方法要求宪法解释者在解释宪法的时候"忠实于宪法的原始含义,特别是忠实于宪法文本中的规则(rule)、标准(standard)和原则(standard)"。①具体来说,当宪法文本提供一个明确规则的时候,宪法的解释者就必须遵循那个详细的规则。例如,美国宪法文本明确规定,每州的参议员人数为两人②,这就是一条明确的规则,宪法解释者在解释宪法的时候不得通过解释任意歪曲这一个规则,不论他认为这对于人口众多的大州多么不公平。然而,当宪法文本提供一个标准(例如宪法中规定的"无理"搜查、"迅速"的审判)或原则(例如宪法中规定的"言论自由""平等保护")的时候,宪法解释者却并不一定要受那些制定该文本的人的

---

① Jack M. Balkin, *Living Originalism*, Cambridge, Mass.: The Belknap Press of Harvard University Press, 2011, p. 3.
② 美国《宪法》第1条第3款。

约束,因为标准或原则和规则非常不同,"是一种非常不同的规制和约束的语言技术(linguistic technology of regulation and constraint)"。①当规则以非常明确的方式约束未来政治的时候,标准或原则只是以一种模糊的方式来"引导而不是排除政治决策"。因此,当宪法解释者解释宪法第十四修正案关于平等保护的条款的时候,他们不必考虑第十四修正案的起草者或批准者如何看待平等保护。或许当时的绝大多数人认为学校中的种族隔离政策并不违反平等保护,但这并不妨碍当代的解释者们寻求对宪法的最佳解释,认定隔离但平等(separate but equal)的政策违反第十四修正案。

通过框架性原旨主义和文本与原则的方法,巴尔金认为活宪法主义和原旨主义之间的矛盾将不复存在。一方面,它并没有将宪法仅仅置于那些死人意志的约束之下,它认为一代又一代的美国人民有权利通过解释宪法来进行自治。这样,它避免了严格的原旨主义中的理论和实践问题:在理论上,它使得人民参与宪法政治的渠道大大拓宽,从而大大增强了宪法的正当性(legitimacy);在实践上,由于不再受到宪法制定者意图的制约,它使得宪法解释在处理一系列议题时将更加合理。而从另一方面来看,这种活原旨主义又不是任意和武断的(arbitrary)的解释理论,它仍然认为宪法解释应当受到宪法原始含义的约束,宪法解释者应当寻求最佳的解释来对宪法文本中的规则、标准和原则保持忠诚。当然,必须再次

---

① Jack M. Balkin, *Living Originalism*, Cambridge, Mass.: The Belknap Press of Harvard University Press, 2011, p.43.

强调的是，巴尔金的活原旨主义只是受宪法文本中的原始含义（original meaning）的约束，而不受宪法文本制定之初所期望的适用（original expected application）所约束。在解释宪法时，解释者应当弄清宪法文本的原始含义并遵守之，而不是探寻宪法制定者们准备如何适用某些条文。例如，当解释美国《宪法》第 1 条第 8 款这一著作权条款时，就必须意识到其中提到的"写作"（writings）一词不仅仅指的是纸面上的写作，而且包括印刷、雕塑、动态图片和其他艺术和科学类的传播媒介。①宪法解释者必须避免过度字面和机械的解释，确保宪法文本的原始含义不会因为机械解释而在当代无法适用。

巴尔金不仅仅在理论上用他的活原旨主义调和活宪法主义和原旨主义，而且把他的这种理论运用于一系列实际的宪法解释问题。例如，在《活原旨主义》第九章中，巴尔金提出，美国宪法中的贸易条款（commerce clause）应当做更宽泛的解释，因为在 18 世纪，贸易（commerce）一词指的不像当代人所理解那样只具有经济方面的含义，相反，它表达的含义是"交往"（intercourse），具有非常强烈的社会内涵。而且，通过分析宪法文本所列举的国会权力，也会发现宪法的原则支持贸易条款对所有影响超出州的活动进行规制。巴尔金据此认为，一旦州的活动具有溢出效应（spillover effect），联邦国会就有权对州的活动进行规制。②在第十章，巴尔金则主张，权

---

① Jack M. Balkin, *Living Originalism*, Cambridge, Mass. : The Belknap Press of Harvard University Press, 2011, p. 13.
② Ibid., pp. 138—182.

利法案可以通过宪法第十四修正案中的"特权或豁免权条款"(privileges or immunities clause),而不是正当程序条款而适用于各州。巴尔金认为,特权或豁免权的原始含义其实就是"权利"(right),第十四修正案规定"任何州都不得制定或实施限制合众国公民的特权或豁免权的任何法律,这就是期望限制州的权力,使得权利法案在州也能适用"。① 而在第十一章中,巴尔金则通过对平等保护条款的解读,认为平等保护条款不仅仅适用于美国公民,而且也适用于非美国公民。②

二、活原旨主义中的理性与意志

巴尔金的理论为何看上去能调和活宪法主义和原旨主义?其深层的原因在于其理论尝试调和宪法背后人民的理性与意志,以此来寻求活宪法主义和原旨主义的和解。在活宪法主义对原旨主义的批判中,最主要的指责就是原旨主义屈从于死人的意志,既不考虑当代人的理性,也不考虑当代人的意志。而在原旨主义对活宪法主义的批判中,最主要的指责是活宪法主义不信任制宪者的理性,同时也通过对宪法的任意解释使得制宪者的意志得不到贯彻。对此,巴尔金没有简单地将制宪者和当代人的理性与意志对立起来。相反,巴尔金试图在宪法中找到制宪者和当代人都会认

---

① Jack M. Balkin, *Living Originalism*, Cambridge, Mass.: The Belknap Press of Harvard University Press, 2011, pp. 183—219.
② Ibid., pp. 220—255.

同的理性与意志。

在巴尔金看来,宪法中的理性和意志是可以辨认的。当制宪者们使用明确的语言来表达一个规则的时候,他们就是在表达制宪者们最清晰的意志。当宪法规定每个州只能有两名参议员,总统必须大于35周岁,总统选举每4年举行一次,这些清晰的规则会为每一名起草者和每一名公民所清晰地理解。而既然这些规则所传达的意志如此清晰,那么宪法的解释者就有必要遵循这种意志,除非是当代的人民通过宪法修正案明确地改变它,就像宪法第二十六修正案将公民选举权的年龄下降为18岁。

同时,正是因为制宪者清晰的意志如此重要,所以对宪法原意的探寻就变得非常重要。如果宪法明确规定了"指示、规则或规范,就必须保存这些指示、规则或规范的原始含义"。① 在一些条款中,词语的含义会因为时间的变迁而变化,这使得条款本身也会发生意想不到的变化。例如上文提到的宪法规定了海军和陆军而没有空军,在著作权条款中的"写作"(writing)一词,或者言论自由条款中的"言论"(speech)一词,如果以字面的意思加以僵化地解读,将会完全曲解制宪者的意志。如果要保存和遵从制宪者的意志,就必须对这些无意识的语言变迁加以抵抗,通过对原始含义的探寻来辨认制宪者的意志。

如果说宪法中较为明确的规则为保存意志提供了可能,那么宪法中较为概括性的标准和原则则为理性对话提供了空间。在这一

---

① Jack M. Balkin, *Living Originalism*, Cambridge, Mass.: The Belknap Press of Harvard University Press, 2011, p. 36.

点上,巴尔金和严格的原旨主义发生了分歧。在严格的原旨主义者看来,宪法之所以是根本大法,就因为它是以超级多数的规则通过的,不允许后人在宪法提供的修宪程序之外任意解释。例如,约翰·麦克基尼斯(John McGinnis)和迈克尔·拉帕帕特(Michael Rappaport)指出,"那些采用超级多数规则的人很可能是非常小心谨慎的(risk averse),他们应当不会同意将适用宪法条款的权利交由后代"。[1]斯卡利亚大法官也指出,宪法"所有的目的就是为了防止变化——宪法以一种后代人不太容易抛弃的方式来制定某些权利"。[2]毕竟,如果后来的宪法解释者们可以任意解释宪法的适用,宪法的约束力还怎么存在,宪法中所包含的人民的意志还怎么体现?对于此种来自原旨主义者的疑问,巴尔金的回答是,宪法的制定者是有意地采用比较概括和一般的标准和原则的,他们之所以这么做是为了掩盖(paper over)分歧,为了寻求对于某个问题最大程度的公约数。例如,在重建时期,对于应当如何对待黑人,就有多种不同的态度,有代表南方势力的保守主义,有主张彻底平等对待黑人结束隔离政策的激进共和党人,有温和共和党人,而在具体问题上,即使同一股势力内部也会出现巨大的分歧。为了使宪法能够成功地制定并获得通过,制宪者只能选择比较抽象的"平等保护"来凝聚共识。因此,在看似没有分歧的标准和原则之下,其实

---

[1] John O. McGinnis & Michael Rappaport, "Original Interpretive Principles as the Core of Originalism", 24 *Constitutional Commentary* 371(2007), p.372, 380.

[2] Antonin Scalia, "Common Law Courts in a Civil Law System: The Role of United States Federal Courts in Interpreting the Constitution and Laws", in Amy Gutmann (ed.), *A Matter of Interpretation: Federal Courts and the Law*, Princeton: Princeton University Press, 1997, p.40.

隐藏着众多不同和相互冲突的意志;标准和原则并不像规则那样包含了某种统一的意志。而既然标准和原则中并不存在统一的意志,解释者也就不用像对待规则那样为制宪者的意志所约束了。可以想象,如果制宪者想要约束未来的解释者,他们就会使用更加明确的语言来传递他们的意志。在解释标准和原则时,解释者应当诉诸理性,通过理性来寻求最符合宪法文本和宪法原则的解释。

通过在宪法中为意志与理性提供空间,巴尔金和耶鲁大学法学院的另一位教授司各特·夏皮罗(Scott Shapiro)一样,都将法律的本质视为一种"计划"(plan)。[1]如果一群人制定了一个计划,那么一方面大家会认真对待这个计划,遵从这个计划中所包含的明确规则:例如开会时间、薪水报酬等等。而另一方面,大家仍然会持续地运用理性去争论,去说服彼此如何完成计划。在计划的制订与实施中,对话与决策并不矛盾,大家可以运用理性去说服彼此,而一旦决策作出,那么大家就必须遵守决策,直到能够运用理性去改变决策。在巴尔金的理论中,宪法解释应当和计划的制订与实施一样,并不单方面地依靠对话中的理性或决策中的意志,也并不迷信过去或抛弃过去,而是应当同时依靠理性和决策,实现"过去的承诺和当代人之间的对话"。[2]

巴尔金的活原旨主义不仅仅来源于理论上的构建和创新,更来自于他对美国宪政发展史的长期观察。美国宪政的一个最大的特

---

[1] Scott J. Shapiro, *Legality*, Cambridge, Mass.: The Belknap Press of Harvard University Press, 2011.

[2] Jack M. Balkin, *Living Originalism*, Cambridge, Mass.: The Belknap Press of Harvard University Press, 2011, p. 20.

点就是,尽管美国宪法在历史上常常为各种罪恶辩护,例如美国内战之前宪法一直认可奴隶制,布朗诉教育委员会之前宪法一直认可种族隔离,但宪法本身一直被美国人民认为是正义、崇高甚至是神圣的。美国人民对待宪法的态度使得巴尔金认为,美国宪法具有多重的意义。首先,它是基本法(basic law):它"设立了政府的基本结构,因而可以促进政治稳定,分配权利、责任和权力"。但除此之外,它还是高级法(higher law):它是"人们灵感和热情的源泉,是价值和原则的仓库"。或者在某种程度上说,它不仅仅是实证法,也是自然法的化身。最后,它还是美国人民的宪法(our law),它帮助美国人民将自身"想象为跨越时间的一个集体主体"。[1]美国宪法的这多重内涵使得宪法不仅仅是制宪者意志的表达,而且也是理性的载体和价值的源泉。宪政实践或许充满了许多堕落和邪恶的历史,但宪法本身却为美国人民实现自我救赎提供了很好的途径。[2]因此,美国人民不必屈从于制宪者的意志或置宪法于不顾,对待宪法最好的办法是忠实于宪法的文本和原则,以此来推进美国人民的事业。

三、自欺欺人的保守派原旨主义和活宪法主义

巴尔金的活原旨主义并不是一种凭空的理论创造,其理论在很

---

[1] Jack M. Balkin, *Living Originalism*, Cambridge, Mass.: The Belknap Press of Harvard University Press, 2011, pp. 60—61.

[2] 参见 Jack Balkin, *Constitutional Redemption: Political Faith in an Unjust World*, Cambridge, Mass.: The Belknap Press of Harvard University Press, 2011.

大程度上来源于对保守派原旨主义的回应。作为一种解释理论，原旨主义早已有之，例如强调法律就是意志的表达的法律实证主义就可以视为原旨主义①，但作为一种走出象牙塔，在美国宪法实践中产生巨大影响的原旨主义理论，则是在20世纪七八十年代以后才兴起的。众所周知，20世纪50年代以来，沃伦法院在民权运动中扮演了重要的角色，在一系列宪法议题中采取了革命性的解释：例如扩张了法律平等保护的范围，强化了对言论自由的保护，强化了对犯罪嫌疑人权利的保障。②而伯格法院则跟随沃伦法院的步伐，继续通过宪法解释来促进自由主义的进步政治。③沃伦法院和伯格法院对宪法的扩张性解释引起了保守派的不满，他们指责沃伦法院和伯格法院违背了宪法的原旨，是一种司法能动主义（judicial activism）。④ 1976年，当时的联邦最高法院大法官威廉姆·伦奎斯特（William Rehnquist）发表文章，公开主张原旨主义，批评活宪法主义。⑤一年后，劳尔·伯格（Raoul Berger）出版了《司法治理》一书，认为最高法院对第十四修正案的解释违背了制宪者的原初意图。⑥此后，原旨主义逐渐在政治领域发挥影响力，成为许多保

---

① 参见 John Austin, *The Province of Jurisprudence Determined*, W. Rumble (ed.), Cambridge: Cambridge University Press, 1995, (first published, 1832)。

② 参见 Morton Horwitz, *The Warren Court and the Pursuit of Justice*, New York: Hill and Wang, 1998。

③ 参见 Vincent Blasi, *The Burger Court: The Counter-Revolution That Wasn't*, 3rd ed., New Haven: Yale University Press, 1983。

④ 参见 Robert Post & Reva Siegel, "The Right's Living Constitution", 75 *Fordahm L. Rev.* 545(2006)。

⑤ William Rehnquist, "The Notion of a Living Constitution", 54 *Tex. L. Rev.* 693 (1976)。

⑥ Raoul Berger, *Government by Judiciary: The Transformation of the Fourteenth Amendment*, Cambridge, Mass.: Harvard University Press, 1977。

守主义者的尚方宝剑。1985年,爱德华·米斯(Edwin Meese Ⅲ)出任里根内阁的司法部长,并在任内主张对宪法进行原旨主义的解释。在美国律师协会发表的著名讲话中,米斯提出,法官必须做"宪法的守护者",司法解释的唯一标准应当是"宪法文本和制宪者的原始意图"。[1]其后,重量级的保守主义者诸如罗伯特·博克(Robert Bork)和最高法院大法官安东尼·斯卡利亚(Antonin Scalia)也加入原旨主义的阵营,使得原旨主义保持了持续的影响力。[2]当然,这里提到的这些人只是将原旨主义理论化的保守主义者,一般的保守主义者虽然没有系统性地阐述原旨主义,但是大都把原旨主义的政治修辞挂在嘴边。2011年,当新一届的共和党众议院宣誓就职的时候,他们就以一个非常不同寻常的举动来开场:高声朗读宪法。[3]在共和党议员看来,宪法的原旨必须加以捍卫。

原旨主义"捍卫宪法"的口号虽然漂亮,但在自由派学者的轮番攻击之下,原旨主义者马上发现了其理论存在着很多问题。首先,原旨主义者一开始似乎是将原旨等同于宪法起草者的原始意图(original intention),但是他们发现,这在正当性上存在问题,因为这等于说极少数人的意志可以代表美国人民。因此原旨主义很快转向了批准者,也就是宪法及宪法修正案制定时美国人民对的

---

[1] General Edwin Meese III, Address before the American Bar Association (July 9, 1985), in Paul G. Cassel (ed.), *The Great Debate: Interpreting Our Written Constitution* 9, Washington D.C.: The Federalist Society, 1986.

[2] 参见 Robert Bork, *The Tempting of America: The Political Seduction of the Law*, New York: The Free Press, 1990; Antonin Scalia, *A Matter of Interpretation: Federal Courts and the Law*, Amy Gutmann (ed.), Princeton: Princeton University Press, 1997, p.40.

[3] http://www.nytimes.com/2011/01/07/us/politics/07constitution.html.

宪法的理解(original understanding)。这种转向使得原旨主义的正当性得以加强,但也同样受到非常有力的批评,那就是无论是起草者还是批准者都有数不清的、变动的和模糊的意图或理解,到底以谁的意图或理解为准?①更何况,宪法的起草者或批准者似乎自己也不想以原始意图或原始理解来作为宪法解释的根据,而是希望以宪法文本作为根据。②毕竟,美国制宪会议是闭门讨论的,而关于制宪会议的记录也一直被特意秘密保存,直到几十年后才被公开。如果制宪者们有意以宪法原意来约束后人,他们肯定早就把这些记录公之于世了。因此,原旨主义再次转向,诸如米斯和斯卡利亚等人开始主张原始含义的原旨主义(original meaning originalism),以宪法公布时人们对于宪法文本的共同理解作为宪法原旨。③对于这种转向,许多自由派的学者④,甚至个别保守主义的学者都意识到⑤,这将意味着原旨主义将不用遵守宪法起草者或批准者期望如何适用宪法,而只用考虑语义学意义上(semantic)的原始含义。

但让巴尔金恼怒的是,保守派原旨主义言行并不一致,虽然在

---

① Paul Brest, "The Misconceived Quest for the Original Understanding", 60 *B. U. L. Rev.* 204(1980).

② 参见 H. Jefferson Powell, "The Original Understanding of Original Intent", 98 *Harv. L. Rev.* 885 (1985), pp. 887—888.

③ Antonin Scalia, "Address Before the Attorney General's Conference on Economic Liberties (June 14, 1986)", in *Original Meaning Jurisprudence: A Sourcebook*, Office of Legal Policy, (U. S. Department of Justice), 1987, p. 101; Office of Legal Policy, *U. S. Department of Justice, Guidelines on Constitutional Litigation*, (U. S. Department of Justice), 1988, pp. 3—6.

④ 例如德沃金,参见 Ronald Dworkin, *Freedom's Law: The Moral Reading of the Constitution*, Cambridge, Mass.: Harvard University Press, pp. 291—292。

⑤ 例如兰迪·博南特,参见 Randy Barnett, "An Originalist for Nonoriginalists", 45 *Loy. L Rev.* 611(1999).

理论上接受了原始含义的原旨主义,但在实践中却又经常回到原始意图或原始理解的原旨主义,以宪法起草者或批准者所期望的宪法适用来作为当代宪法解释的向导,例如以制宪者不赞同堕胎权为由反对罗伊诉韦德案。就像科勒伯·内尔森所承认的,虽然原始含义(original meaning)和原始意图(original intention)"在理论上非常不同,在实践中它们仍然会趋于一致"。① 在某种意义上,这不难理解。因为如果保守派原旨主义仅仅诉诸语义学意义上的宪法原意,不求助于起草者或批准者对某个宪法规则适用的看法,那么原旨主义将基本上无用武之地,甚至蜕变为活宪法主义,与试图制约和对抗自由派宪法解释的目的背道而驰。但从言行一致,从理论与实践保持一致的意义上说,巴尔金的批评不无道理,保守派的原旨主义的确有些自欺欺人。

保守派原旨主义的自欺欺人还表现在约束法官这一命题上。保守派原旨主义对活宪法主义的指责和诉诸原始意图的一个重要理由是,诉诸原始意图将最大限度地约束法官,避免博克所说的"政治对法律的引诱"(the political seduction of the law)。② 但问题是,如果真的严格遵循制宪者的原始意图,以制宪者的意志来约束法官,那么当代美国的一系列宪政实践都将被改变,例如美国新政时期开始推行的积极联邦主义政策有可能被推翻,布朗诉教育委员会中的种族隔离等政策有可能重新合法化。这种"倒行逆施"不

---

① Caleb Nelson, "Originalism and Interpretive Conventions", 70 *U. Chi. L. Rev.* 519 (2003)

② Robert Bork, *The Tempting of America: The Political Seduction of the Law*, New York: The Free Press, 1990.

仅仅自由派无法接受，保守派也同样无法忍受。①保守派虽然在很多议题上和自由派持有不同意见，但仍然接受美国新政时期，特别是布朗案中的宪法解释和实践。②为了应付这种实践上的难题，保守派原旨主义者只能后退一步，承认原旨主义的约束并不在任何时候都能适用。例如，保守派原旨主义的大将斯卡利亚将自己形容成为一个"懦弱的原旨主义者"（a 'faint-hearted' originalist），承认诸如布朗案和新政时期的大部分判决都不能运用原旨主义的解释，承认这些案例已经成为"实际上例外的先例"（'pragmatic exception' precedents）。③保守派原旨主义的这种退让固然是一种方法，但麻烦在于，这些例外的先例如此之多，以至于其先前承诺的约束法官成为空话。当法官违背宪法原旨的时候，他们可以声称自己是在遵循先例；而当法官违背先例的时候，他们又可以声称自己是在遵循宪法原旨。在过去几十年的宪政实践中，保守主义的这种两手策略屡试不爽。在巴尔金看来，保守派原旨主义的这种态度是自欺欺人和不负责任的，他们明明在作出政治性的选择和判断，但却否认这一点，不肯为自己的选择负责。④

---

① 最近，个别保守派学者开始重新为新政之前的宪政实践辩护，但布朗案基本上已经盖棺定论，无人质疑。参见 David E. Bernstein, *Rehabilitating Lochner: Defending Individual Rights Against Progressive Reform*, Chicago: University of Chicago Press, 2011。
② 因此，当今主流的保守派原旨主义可以说是"新政/布朗原旨主义"（New Deal/Brown originalism）。Jack M. Balkin, *Living Originalism*, Cambridge, Mass.: The Belknap Press of Harvard University Press, 2011, p. 117.
③ Antonin Scalia, *A Matter of Interpretation: Federal Courts and the Law*, Amy Gutmann (ed.), Princeton: Princeton University Press, 1997, p. 140.
④ Jack M. Balkin, *Living Originalism*, Cambridge, Mass.: The Belknap Press of Harvard University Press, 2011, p. 104.

实际上,巴尔金不仅仅认为原旨主义自欺欺人,而且认为某些活宪法主义也存在同样的问题。一些活宪法主义者,例如大卫·施特劳斯(David Strauss),认为美国是普通法宪政主义,美国的宪法发展非常依赖于司法和非司法的先例。美国的宪政体系逐渐演化,而先例反映了许多个人的集体智慧。①但在巴尔金看来,这种理论更多的是一种神话美国宪政的叙事,它无法正确地解释法官和其他个人在面对宪法议题时是如何思考和实践的。当法官和其他个人在面对某个宪法议题的时候,他们总是要作出选择:是遵从某个先例还是推翻某个先例?而无论是遵从还是推翻先例,个人都不是屈从某种集体智慧,而是作出一种新的判断。因为即使个人遵从某个没有争议的先例,个人也在行使他自己的意志,并且通过这种意志的行使使得该先例的权威得到了进一步加强。②活宪法主义试图为美国宪政主义提供一种宏观理论,但它却遮蔽和遗忘了无数个人时时刻刻所面临的选择。从一定意义上说,活宪法主义既没有为人民提供意志表达的途径,也没有为人民提供理性解释宪法的空间。

四、自欺欺人的活原旨主义?

在巴尔金宣布自己也加入原旨主义阵营之后,西北大学法学院

---

① David Strauss, *The Living Constitution*, Oxford: Oxford University Press 2010.
② Jack M. Balkin, *Living Originalism*, Cambridge, Mass.: The Belknap Press of Harvard University Press, 2011, p. 299.

的教授安德鲁·科普曼发表了一篇书评,题目是《为什么杰克·巴尔金让人感到恶心》。①对于保守派原旨主义者来说,巴尔金的确让人有些恶心。在此之前,原旨主义被视为是保守主义的专利,保守主义者也经常以宪法捍卫者自居。而现在巴尔金一方面也竖起了原旨主义的大旗,但另一方面却又声称宪法解释不必受原始意图或原始理解的约束,解构了保守派原旨主义的一些核心观点。这种做法无异于打入保守主义的老巢,然后瓦解保守主义的政治思想工作。就像保守派法学家马修·弗兰克(Matthew Franck)所说的,巴尔金"已经成功地将所有关于原旨主义大厦的东西都毁灭了,除了这个大厦上挂着的原旨主义的标语,巴尔金将这个标语从碎石中捡起,将其涂到那个'活宪法'的建筑之上"。②

巴尔金可能会争辩说,在他的理论中,宪法解释仍然需要保持对宪法文本和原则的忠诚。但是,我们发现,在充满了权利、自由、平等、公正、正当程序等大词的宪法文本中,如果每个人都有平等解释的权力,那么宪法将等于什么也没说。而对于巴尔金理论中具有严格约束力的宪法规则,问题则要更为严重。巴尔金认为规则具有约束力是因为规则包含了统一和明确的制宪者的意志,但是,正像德沃金对哈特理论的批判中早已经指出的,规则的背后总是隐藏着原则,规则之所以对人们具有约束力正是因为规则背后

---

① Andrew Koppelman, "Why Jack Balkin Is Disgusting", 27 *Const. Comment.* 177 (2010).
② Matthew Franck, Jumping to Conclusions, National Review Online, Aug. 18, 2007, http://www.nationalreview.com/bench-memos/51392/jumping-conclusions/matthew-j-franck.

的原则。①例如,宪法中规定每个州只能有两名参议员,这一规则包含了一个重要的原则:每个州都在一定程度上被平等地视为政治实体②;而总统必须一出生就是美国公民或宪法生效时已是合众国公民这一规则则包含了另一政治原则:确保总统忠诚于美国。③因此,可以说规则是为了原则而设计的,而不是相反;是原则使得规则变得非武断和理性。如果规则所包含的原则不再为人们接受,规则就将变得非理性和不可接受。这正是宪法第十七修正案为什么会制定的原因。在第十七修正案之前,共和主义与一定程度上的德性政治是更为普遍分享的政治原则,参议院往往被认为是这种德性政治的一个重要载体。④因此制宪者在制定宪法时,规定参议员由每个州的州议会选出而并非由人民直接选出,希望借此来保留共和政治,"以共和反对民主"。⑤但是,随着民主理念日益深入人心,这种规则变得越来越难以为人民接受,最终,第十七修正案对选举规则进行了改变,由州人民直接选举参议员。

因此,尽管制宪者们可能对某个规则具有非常清晰和明确的一致意见,但他们的目的却不在于实现规则本身,而在于实现规则背后的原则。而一旦人们改变了对相关原则的看法,那么这种表面

---

① 参见 Ronald Dworkin, *Law's Empire*, Cambridge, Mass.: Harvard University Press, 1986。
② 列文森教授显然是这一政治原则最强烈的反对者之一,参见 Sanford Levinson, *Our Undemocratic Constitution: Where the Constitution Goes Wrong (And How We the People Can Correct It)*, New York: Oxford University, 2006。
③ 对于宪法和忠诚之间的关系,列文森教授有非常精彩的讨论,参见 Sanford Levinson, *Constitutional Faith*, Princeton: Princeton University Press, 1988。
④ The Federalist Papers, George W. Carey, James McClellan, eds., Indianapolis: Liberty Fund, 2001, pp. 319—324。
⑤ 参见赵晓力:《以共和反对民主:〈联邦论〉解读》,载《清华法学》2010年第6期。

上包含了一致意见的统一意志就将很快消失。如果说宪法解释者不一定要遵循制宪者在原则问题上的意图或理解,那么他们就更没有理由遵循这些规则。这些规则看似包含了统一的意志,但实际上这些意志却是空洞的,其实并没有什么严格的约束力。例如,《宪法》第1条第3款规定:参议员需要成为美国公民9年以上才能担任,这个规则原来是为了尽可能地保证众议员对美国有认同感和忠诚感,但在美国内战后,黑人的忠诚度已经被认同,因此尽管在战后的1870年密西西比州的黑人还不能被认为已经成为美国公民9年以上(因为斯科特诉桑福德案明确认为奴隶或其后裔不是美国公民,而密西西比州是蓄奴州)[①],但密西西比州的黑人海兰姆·瑞福斯(Hiram Revels)还是被选为第一个美国黑人参议员。可以看出,一旦某种行为和规则背后的原则存在冲突,这种行为就难以受到规则严格的约束。

因此,我们可以说,巴尔金在某种程度上和他批评的保守派原旨主义和活宪法主义一样,都有些自欺欺人。巴尔金希望做一个胆怯的(faint-hearted)解构主义者,只解构制宪者的原始意图,但问题是,一旦这种解构开始,宪法本身也将被解构,无论是宪法的原则、标准还是规则都将不具有约束力。而这也就意味着美国人民无法为自己立法,无法约束未来的自己。当宪法解释者遵循宪法中的规则,严格"依法办事"时,他们实际上是在作出选择,认同规则背后所包含的某个原则或多个原则。这种选择无时无刻不在进

---

① Dred Scott v. Sandford, 60 U.S. 393 (1857).

行,区别只是在于个人是否意识到这一点,是否承认这一点。巴尔金批评保守派原旨主义和活宪法主义在很多时候不肯承认他们是在进行宪法建构(constitutional construction),但问题是巴尔金自己也没有意识到,当他的理论提倡遵循宪法文本中的规则时,他实际上也在掩盖一个现实:人们其实并没有遵循宪法中的规则,人们一直在作出自己的决断。像他批评的对象一样,巴尔金对于宪法解释和宪法政治也没有充分的自觉。在宪法解释中,决断才是真实的世界,而排除决断的规则之治只不过是没有自觉的幻象。①

五、政治神学视野下的原旨主义和美国宪政

巴尔金是一位坚定的自由派法学家②,但这并不妨碍巴尔金认识到美国宪政的一些神学特征。每一个研究美国宪法的学者都会发现,美国人民对宪法有一种和某些原始部落崇拜图腾一样的敬畏感。不论宪法是否曾经容忍奴隶制、种族隔离和限制民权,美国人民都不会认为宪法错了,而更愿意相信宪法解释者错了。③而当

---

① 这里我们似乎可以重新思考卡尔·施密特著名的断言,施密特曾指出:"例外比规则更加有趣:规则什么也证明不了,而例外证明了所有东西;例外不仅仅确认了规则,而且确认了规则的存在;规则的存在只能从例外中得出"。但如果以这里分析的角度,却可以发现例外和规则并非一对对立的概念:规则中隐藏着例外,而例外中也隐藏着规则。无论是遵循规则还是例外都取决于人的决断。参见 Carl Schmitt, *Political Theology: Four Chapters on the Concept of Sovereignty*, trans. George Schwab, Cambridge: MIT Press, 1985, 12。

② 其创立的网站"巴尔金化"(Balkinization)一直是自由派法学在网络上的最大阵地。参见 http://balkin.blogspot.com。

③ 参见 Jack Balkin, *Constitutional Redemption: Political Faith in an Unjust World*, Cambridge, Mass.: The Belknap Press of Harvard University Press, 2011, Chapter 7。

人们利用宪法解释改变制宪者最初的意图,例如保护妇女权利、促进言论自由、扩大联邦权力保护环境和通过民权法案时,人民又同样会将其视为宪法的胜利,视为"美国宪政主义的伟大成就,骄傲的源泉"。①总之,千错万错都是宪法解释者的错,千好万好都是宪法的好。这种对宪法近乎宗教般的情感曾经让列文森感慨,如果他是人类学家,他一定要运用人类学的方法来研究其中的原因何在。②

但对于巴尔金来说,建构理论改变世界是更重要的工作。美国人民对待宪法的态度或许是宗教般的和非理性的,但这并不妨碍从理论上接受这样一个现实,并从此出发来建构规范性的宪法解释理论,实现更好的宪法政治。这一点在巴尔金看起来是可行的,因为无论宪政实践有可能产生多么非正义的后果,宪法本身都可以成为美国人民进行宪政救赎的途径。人们可以"在宪法的基本结构、文本及其基本原则中找到许多救赎性的要素",宪法本身"就是被设计成可以救赎的",其中并没有任何不能为人们所接受的东西,其基本结构和基本原则也不妨碍人民通过它来实现良好的政治。③事实上,巴尔金认为宪法不仅仅提供了宪政救赎的途径,而且更提供了宪政救赎所必需的热情或信仰。救赎意味着认识到宪政

---

① Jack M. Balkin, *Living Originalism*, Cambridge, Mass.: The Belknap Press of Harvard University Press, 2011, p. 9.
② 这是列文森教授在2011年耶鲁法学院秋季宪法课堂上的感叹。这一美国宪政的人类学研究进路其实早已经为其他学者所提倡,参见 Paul Kahn, *The Cultural Study of Law: Reconstructing Legal Scholarship*, Chicago: University of Chicago Press, 1999.
③ Jack M. Balkin, *Living Originalism*, Cambridge, Mass.: The Belknap Press of Harvard University Press, 2011, p. 81.

实践总是处于堕落的不完美状态和包含了原罪,并通过不屈不挠的努力去实现最初的承诺,而非举手投降。①

然而,虽然巴尔金使用了堕落、原罪、信念等神学概念,并直接把另一本新书命名为《宪政救赎》,但是巴尔金的整个理论框架却是去神学化的。它自身"并不无条件地接受宪法的合法性,并不认同宪法是完美的"。②在一定意义上,可以说巴尔金的理论非常类似于中世纪后期经院哲学中唯名论(nominalism)对于传统基督教神学的反叛。在以阿奎那为代表的主流经院哲学中,上帝的意志和理性是统一的,虽然从根本上说上帝的本质无法为人类所彻底理解,但世界还是有一个和谐统一的"存在的伟大链条"(the great chain of being)③,人类可以通过理性的桥梁参与上帝所缔造的自然秩序。但在奥卡姆的威廉和霍布斯的唯名论理论中,事物的存在并没有某种本质化的属性,有的只是特殊性,所谓的事物的本质只不过都是名字而已。就像一只苹果之所以被称为苹果,那只是因为它具有某些类似的特征,所以我们称它为苹果,而非它具有某种苹果的本质。在唯名论的理论中,所谓上帝的意志是不可知的,人类谈论的和上帝相关的其实都只是一些关于上帝的名称,而非关于上帝的实际知识。上帝的意志仅仅因为其权力而成为意志,在上帝的意志中不存在可以凭人类理性而理解的统一和谐的自然秩

---

① Jack M. Balkin, *Living Originalism*, Cambridge, Mass.: The Belknap Press of Harvard University Press, 2011, p. 75.
② Ibid., p. 81.
③ Arthur O. Lovejoy, *The Great Chain of Being: A Study of the History of an Idea*, Cambridge, Mass.: Harvard University Press, 1936.

序。因此,霍布斯最终得出了一个"离经叛道"的结论:"对于上帝是什么完全不能理解,而只知道上帝存在。"①

同样,我们发现,人民在巴尔金的理论框架中也仅仅是一个存在,对于人民到底是什么完全不能理解。即使在被认为最可能集中体现人民意志的宪法和最清晰明确的宪法规则中,人们也无法准确地分辨到底什么是人民的意志。从某种程度上说,巴尔金不仅解构了原旨主义的原始意图或理解,而且解构了人民形成统一意志的可能性。一旦我们深入到历史的细节,我们就会发现,人民的意志太过分散,太过模糊,太过变动不居。似乎只有在某些极端的时刻,例如在施密特所描写的人民集会的大声呼喊(shout)中,人民的意志才能够被清晰地辨认:人民的意志才足够的统一,足够的强烈和足够的持久。②在更多的时候,人民的意志似乎更多是一种需要加以解构的修辞和神话。

对于自由主义的学者来说,这种解构也并不一定是一件坏事,因为理性在自由主义的理论中占据了重要的地位,自由主义传统所期望的是为理性所过滤的人民意志③,而宪法和人民的建构却往往伴随着各种非理性的因素。但是,这毕竟只是自由主义学者的政治偏好。对于大多数美国人民而言,宪法是真理的载体,是人民主权所发出声音的记录,而不是理性的公司章程或总是可以进行

---

① 〔英〕托马斯·霍布斯:《利维坦》,黎思复、黎廷弼译,商务印书馆1982年版,第130页。
② Carl Schmitt, *Constitutional Theory*, Jeffrey Seitzer trans., Durham: Duke University Press, 2008.
③ 丁晓东:《自然法抑或实证法?——理性与意志视野下的美国宪法》,载《法制与社会发展》2012年第1期。

理性讨论的计划。它是一项人们可以为之献身的意义的源泉,而不是一项人们在发现对自身不利的时候可以随意抛弃的契约。①我们也因此不难理解,为什么大多数人在进行宪法解释的时候,总是如此锲而不舍地试图寻求宪法的原旨。对于他们而言,进行宪法解释并不是一个理性的过程,相反,进行宪法解释是一次"自我牺牲"的历程。在寻求原旨主义的时候,人们坚信宪法中隐藏着人民的声音,并且愿意放弃所有的自我意识以保存人民的意志。②在理性的视角看来,这种自我牺牲是愚昧的非理性,但在信仰的视角来看,这是谦卑而虔诚的姿态。就像在现代宗教学的视角下,遵循上帝的意志会被视为一种非理性的行为,但在基督教神学的视角下则会被视为自然而正当的生活方式。

在这种信仰和神学的视角下,美国宪政中的实践将能够得到最深刻的理解。例如,长久以来,学者一直对美国最高法院的司法审查存在正当性的困惑,从亚历山大·毕克尔、哈特·伊利、布鲁斯·阿克曼到罗纳德·德沃金,每一个一流的学者都或多或少地处理过这个问题。③但在一定意义上,美国最高法院司法审查的正当性并不在于理论上的建构和论证,而在于它"能够以超越历史的

---

① 丁晓东:《法律能规制紧急状态吗?——美国行政权扩张与自由主义法学的病理》,载《华东政法大学学报》2014年第3期。
② Paul Kahn, *Political Theology: Four New Chapters on the Concept of Sovereignty*, New York: Columbia University Press, p. 125.
③ 参见 Alexander Bickel, *The Least Dangerous Branch: The Supreme Court at the Bar of Politics*, Bobbs-Merrill, 1962; John Hart Ely, *Democracy and Distrust: A Theory of Judicial Review*, Cambridge, Mass.: Harvard University Press, 1980; Bruce Ackerman, *We the People: Foundations*, Cambridge, Mass.: Harvard University Press, 1990; Ronald Dworkin, *Taking Rights Seriously*, Cambridge, Mass.: Harvard University Press, 1977.

人民主权的声音说话"。其正当性也并不在于其更忠实于法治本身,毕竟,行政机关和立法机关中也充斥着精英法律人,很难说他们所提供的宪法解释就不如最高法院的大法官们。在司法实践中,最高法院的司法审查所做的工作虽然看上去和欧陆法律理论中所说的比例性审查(proportionality review)没有什么区别,但最高法院也从来不认为自己是在做这个工作。相反,最高法院总是把自己想象为"宪法真理的代言人",想象为"一种政治断裂",在这种政治断裂中"我们需要再一次聆听人民主权的声音"。[1]这就像宗教活动中的祭祀:我们需要再一次聆听上帝的声音——只不过在现代,上帝变成人民;祭师变成法官。

如果我们以这种政治神学的视角去思考,我们也就不难理解为什么原旨主义尽管在理论上漏洞百出,但仍然历久弥坚。在一个表面上世俗化但实际上却仍然保持神学特征的政治体中,原旨主义是人民这一上帝能够被持续信仰的必要叙事,是维持阿甘本所谓的世俗化社会却非"渎神化"社会的必要信仰。[2]解构了探寻原旨主义的可能,也就解构了人民主权能够真正呈现的可能。

作为一种政治行动,巴尔金的自由主义政治或许要更加正义和高贵,但作为一种理论,巴尔金的活原旨主义并没有真正地理解美国的宪法解释理论。巴尔金虽然在其著作中使用了大量的神学术语,但他错失了以政治神学进行思考的机会。

---

[1] Paul Kahn, *Political Theology: Four New Chapters on the Concept of Sovereignty*, New York: Columbia University Press, p. 13.
[2] Giorgio Agamben, *Profanations*, Jeff Fort trans, New York: Zone Books, 2007.

第六章

政治哲学视野下的美国政制

——评施特劳斯学派与共和主义学派之争

在本书的前两章中,我对强调理性主义或赛先生的宪法理论提出了反思,指出美国政治下非理性主义存在的现实。不理解和不认可这种非理性政治的存在,就无法深刻地理解当今美国社会的现实。为了更好地把握这一点,在上一章中我引入了政治神学的视野,将美国当代社会视为一个伪装成世俗社会的神学共同体,以此来重新思考当代美国政治中的前现代性。在某种程度上,要理解当代美国宪法与政治,就必须返回到西方的前现代,以前现代性的视角来思考现代。

但如何返回前现代,如何看待古今之争视野下的美国政制?在这一章中,我将从施特劳斯学派与共和主义学派之争切入,分析政治哲学视野下的美国政制问题。我将首先提出一个问题:施特劳斯学派为何要介入美国宪法？而且既然施特劳斯学派以捍卫古典自然法理论为己任，他们为什么要坚持现代自然权利理论，反而批评共和主义学派打通古今的努力？

通过梳理这两个流派之间的争论以及分析争论原因，本章将重新思考美国政制的实质。施特劳斯学派之所以介入美国政制的研究，是因为美国政制具有特殊的政制类型学的意义。在政制类型学上，美国是第一个建立在现代自然权利基础之上而不是建立在传统或启示之上的现代国家。在施特劳斯学派看来，正是现代自然权利开启了现代对古代的反叛，遮蔽了现代人仍然处于洞穴社会和非理性社会的现实。因此，坚持美国的建国基础是现代自然权利，这可以还原现代人所处的政治现实。从政治哲学的角度来说，只有坚持这一基础，才能引导一部分人返回古代的自然正当。而从政治哲学的角度来说，由于现代自然权利和古典自然正当理论一样信奉理性主义，因此仍然可以将现代自然权利作为现代洞穴社会的基石，并以此思考如何避免现代性的暴政。施特劳斯学派的政治哲学或许具有政治哲学的意义，但在政治哲学上，其理论仍然值得怀疑。

一、问题的提出

在《自然权利与历史》一书的开篇中，施特劳斯引用了《独立宣言》中广为人知的一段话："我们认为以下真理是自明的，人人生而平等，他们被他们的造物主赋予了某些不可剥夺的权利，其中包括生命、自由和追求幸福的权利。"①在施特劳斯看来,自然权利的观念对于促进美国成为最强大繁荣的国家具有重要影响,但在第二次世界大战之后,美国人民接受了社会科学的事实与价值的分野,淡忘了曾经倚重的自然权利。②这种淡忘让施特劳斯感到非常遗憾:"今日人们对于自然权利的需要,一如数百年甚至上千年一样地显明昭著。拒斥自然权利,就无异于说,所有的权利都是实在的权利(positive right),而这就意味着,何为权利是完全取决于立法者和各国法院的。"③

如果单从施特劳斯对《独立宣言》的引用以及赞扬来看,似乎可以断言,施特劳斯是现代自然权利的捍卫者,因为《独立宣言》所使用的这段语言是现代自然权利思想的经典表述。然而,另一方面,施特劳斯却又众所周知地被认为是古典自然正当(natural right)的信徒,对现代自然权利(natural rights)似乎并无好感。在施特劳斯的著作中,他明确地将二者区分开来,认为从柏拉图、亚里士多德到阿奎那的古典自然正当理论强调人和政治体的完善,以及自然法引导下的正当生活;而马基雅维利和霍布斯所开创的现代自然权利理论却强调人人平等的天赋权利,强调政治体的正当性建立在保护人的天赋权利的基础之上。施特劳斯不无尖锐地指出,强调人人平等的现代自然权利导致了自由相对主义、虚无主

---

① 〔美〕列奥·施特劳斯:《自然权利与历史》,彭刚译,生活·读书·新知三联书店2003年版,第1页。
② 同上书,第1—3页。
③ 同上书,第3页。

义和蒙昧主义,其本身就是不宽容的起源。①

不仅施特劳斯对于现代自然权利的态度让人有些不解,其弟子们对于现代自然权利的论述也让人困惑。从政治思想史来说,其弟子们也和施特劳斯一样强调古典自然正当理论和现代自然权利理论的分野,并强调前者的优越性。但另一方面,其弟子们却又认为美国立国的原则是以洛克和杰斐逊为代表的现代自然权利理论,并坚决捍卫现代自然权利作为美国的立国之本。在美国宪法诞辰二百周年之际,几代的施特劳斯弟子们一起编著了《直面宪法》的文集,目标直指各种对现代自然权利形成威胁的思潮:从功利主义到实用主义,从历史主义到马克思主义,从存在主义到弗洛伊德主义,所有这些思潮都成为他们批判的目标。②

事实上,施特劳斯学派(以下简称"施派")的批判对象不仅仅指向了马克思主义、弗洛伊德主义这些与美国传统思想有些格格不入的思潮,他们也同样把矛头对准了以伍德和波考克为代表的共和主义思潮。自从20世纪六七十年代以来,共和主义试图重新理解美国立国的思想基础,将古典德性或公民人文主义视为立国的原则。但在施派看来,这种思想史的建构纯属对美国立国原则的误解,美国立国原则建立在自然权利的基础之上,而非古典德性

---

① 〔美〕列奥·施特劳斯:《自然权利与历史》,彭刚译,生活·读书·新知三联书店2003年版,第6页。

② 参见 Allan David Bloom (ed.), *Confronting the Constitution*, *The Challenge to Locke*, *Montesquieu*, *Jefferson and the Federalists From Utilitarianism*, *Historicism*, *Marxism*, *Freudianism*, *Pragmatism*, *Existentialism*, Washington DC: The AEI Press, 1990.

或公民人文主义的基础之上①

施派的所有这些学术观念和论述都让人困惑:首先,施派为什么要研究美国政制,并将现代自然权利视为美国政制的立国之本?如果说施派的兴趣在于古典自然正当理论的复兴,并坚信美国政制是建立在现代自然权利基础之上的,那么其研究对象应该集中在前现代时期,根本不应该转向美国政制,因为美国政制中不存在可以复兴古典自然正当理论的资源。其次,更让人不解的是,既然施派信奉的是古典自然正当理论,那么他们为什么还要反击各种思潮对现代自然权利的批判,尤其是共和主义思潮等思潮的批判?对现代自然权利的批判不是恰恰为美国社会返回古典提供了可能吗?毕竟,在不少学者看来,正是各种权利话语的扩张使得现代美国人缺失了审慎和德性,变得不负责任和不思进取。②

鉴于施派的著作往往表述晦涩,而且其论述中常常会提及"高贵的谎言",读者自然会疑惑,这样一个以恢复古典理性主义为己任的学派为什么要介入美国政制的争论,并且要坚决捍卫自然权利理论在美国政制中的原则地位?这种坚守是出于一种"忠于历史"的历史学研究的结果,还是出于哲学与政治权衡之后而采取的一种策略?本章将从施特劳斯学派和当代共和主义学派的争论切

---

① 参见 Michael P. Zuckert, *Natural Rights and the New Republicanism*, Princeton: Princeton University Press, 1994, pp150—183。
② 参见玛丽·安·格伦顿对权利话语的批判,格伦顿认为,权利话语"促进了不切实际的期盼,加剧了社会冲突,遏制了能够形成合意、和解,或者至少能够发现共同基础的对话……容忍人们接受生活在一个民主福利国家所带来的利益,而不用承担相应的个人和社会的义务……破坏了培育市民和个人美德的主要的温床……将对于自我纠正的学习过程具有潜在重要性的帮助挡在了门外",见〔美〕玛丽·安·格伦顿:《权利话语——穷途末路的政治言辞》,周威译,北京大学出版社2006年版,第18页。

入,以期更为深刻地理解施派,并借此理解美国政制与政治哲学的关系。

二、施特劳斯学派论美国立国

施特劳斯虽然在《自然权利与历史》中提及了美国政制的问题,但是他并没有在他的著述中过多地论述美国问题。马克·里拉甚至断言,施特劳斯只关心哲学问题,而从来不关心政治问题,只要政治不直接干预哲学活动,对于政治就没有什么可说的。① 此话虽然偏颇,但从整体上看,却也大致反映了施特劳斯文章和著作中对于政治问题的沉默。② 真正大范围研究和介入美国政制研究的是他的弟子们。从 20 世纪六七十年代甚至更早,哈里·雅法(Harry V. Jaffa)、马丁·戴蒙德(Martin Diamond)、赫伯特·J. 斯托林(Herbert Storing)、华尔特·伯恩斯(Walter Berns)等人开始研究美国政制问题,而到了 20 世纪八九十年代,施派则更是大量涉

---

① Mark Lilla, *The Reckless Mind: Intellectuals in Politics*, New York: New York Review of Books, 2001, p. 131. Mark Lilla, "The Closing of the Straussian Mind", *New York Review of Books*, November 4, 2004.
② 施特劳斯其实在不少场合还是暗示了自己对于政治问题的态度,例如在"自由教育和责任"一文中,施特劳斯写道,"[马克思和尼采在政治上]的失败使得那些经历了同样失败的人认识到古老的谚语:智慧不能和节制(moderation)相分离,因此,理解智慧就需要对一部像样的宪法保持坚定的忠诚,甚至对宪政主义的基础保持尊重。节制能够保护我们远离双重的危险:对政治空想性的期望,或者对政治怯懦性的鄙视。"见 Leo Strauss, *Liberalism Ancient and Modern*, Ithaca: Cornell University Press, 1989, p. 24. 或许正是这些模糊的表述导致了其弟子之间的争论。

足对美国政制尤其是美国立国时期的研究。①

通过阅读施派的著作,会发现这个学派在这个领域也一如既往地保持了他们特立独行的风格。各个学者或许会有一些差异,但是,他们之间的共同性使得他们形成了鲜明的学派特征。综合来看,他们的研究往往具有如下特点。

在研究对象方面,施派主要的关注对象之一是美国立国时期的国父们,例如上文提到的戴蒙德主攻联邦党人,而斯托林则主攻反联邦党人。②而对于美国立国后的政治家,除了林肯与托克维尔之

---

① 例如 Thomas Pangle, *The Spirit of Modern Republicanism: The Moral Vision of the American Founders and the Philosophy of Locke*, Chicago: University Of Chicago Press, 1988; Thomas Pangle, *The Learning of Liberty: The Educational Ideas of the American Founders*, Kansas: University Press of Kansas, 1995; Ralph A. Rossum and Gary L. McDowell (ed.), *The American Founding: Politics, Statesmanship, and the Constitution*, New York: Kennikat Press, 1981; Gary C. Bryner and Noel B. Reynolds (ed.), *Constitutionalism and Rights*, Albany: State University of New York Press, 1987; Philip B. Kurland and Ralph Lerner (ed.), *The Founders' Constitution*, New York: University of Chicago Press, 1987; Leonard W. Levy and Dennis J. Mahoney (ed.), *The Framing and Ratification of the Constitution*, New York: Macmillan, 1987; Charles R. Kesler (ed.), *Saving the Revolution: "The Federalist Papers" and The American Founding*, New York: The Free Press, 1987; Ralph Lerner (ed.), *The Thinking Revolutionary: Principle and Practice in the New Republic*, Ithaca: Cornell University Press, 1987;; Allan David Bloom (ed.), *Confronting the Constitution, The Challenge to Locke, Montesquieu, Jefferson and the Federalists From Utilitarianism, Historicism, Marxism, Freudianism, Pragmatism, Existentialism*, Washington, DC: The AEI Press, 1990; Paul A. Rahe, *Republics Ancient and Modern: Classical Republicanism and The American Revolution*, Chapel Hill: The University of North Carolina Press, 1992; Michael Zuckert, *Natural Rights and the New Republicanism*, Princeton: Princeton University Press, 1994; Michael Zuckert, *The Natural Rights Republic*, , Notre Dame: University of Notre Dame Press, 1996.

② 参见 Herbert J. Storing, *The Complete Anti-Federalist*, Chicago: University of Chicago Press, 1981; Joseph Bessette (ed.), *Toward a More Perfect Union: Writings of Herbert J. Storing*, Washington, DC: The AEI Press, 1995; Martin Diamond, "The Federalist", In Morton Frisch and Richard Stevens (ed.), *American Political Thought: The Philosophic Dimension of American Statesmanship*, New York: Charles Scribner's Sons, 1971.

外,施派似乎较少涉及。①同时,在施派所关注的政治家中,施派给予更多关注的是那些具备一流思想的,可以从他们身上学习立国原则的国父们。②这样,施派常常将考察的重心放在了杰斐逊、麦迪逊等人身上,而较少论述华盛顿、亚当斯等人。③

在研究方法方面,施派特别强调解经式的文本精读,强调对美国政制的把握必须回溯到某些国父们的文本里,通过文本的辨析来获取见识和智慧。这种"厚古薄今"的立场使得施派常常进行不厌其烦的论证,用极大的篇幅来澄清诸如洛克、杰斐逊、麦迪逊等人的思想。同时,这种立场也导致施派以蔑视的态度对待那些曲解国父思想,抵触国父思想的现代思想家们,在施派看来,自以为比前人聪明的各种学术潮流对国父们思想的误读是自由思想的最大敌人。

在论点主张方面,施派则首先强调古典自然正当理论和现代自然权利理论的差异。在施派看来,古典自然正当理论预设了一种人类可以认识的自然法或自然秩序,据此可以判断人的生活方式是不是善好的。无论古典自然正当理论的各个流派存在着多大的差异,它们都承认,存在一种外在于人类的世界的正当性标准,这个标准要么是一种自然正当的东西,要么是一种上帝所创造的正

---

① 林肯和托克维尔是施派所经常关注的两位人物。参见 Harry Jaffa, *Equality and Liberty*, Oxford: University Press, 1965; Harry Jaffa, *The Conditions of Freedom*, Baltimore: Johns Hopkins University Press, 1975。

② Joseph Bessette (ed.), *Toward a More Perfect Union: Writings of Herbert J. Storing*, Washington, DC: The AEI Press, p. 4.

③ 这也并非绝对,有的施派学者就更多地评论政治人物,例如曼斯菲尔德对西奥多·罗斯福(Theodore Roosevelt)的论述,参见 Harvey C. Mansfield, *Manliness*, New Haven: Yale University Press, 2006, pp. 90—99。

第六章 政治哲学视野下的美国政制

当秩序;而在人的内部,也存在着一种秩序和差异,通过理性能力的运用,人类可以识别何种外部世界的秩序是正当的。这样,在古典自然正当理论中,符合自然的生活,就是运用这种理性能力去认识外在世界的正当秩序并按其生活:"善的生活就是人性的完美化。它是与自然相一致的生活……合于自然的生活是人类的优异性或美德的生活,是一个'高等人'的生活,而不是为快乐而求快乐的生活。"① 相反,在现代自然权利理论中,这种对于自然法或自然秩序的信念被完全抛弃了,在霍布斯的笔下,上帝凭借其权力而非理性创造自然,在这样一个自然世界中,根本不存在某种自然正当的秩序,人类也无法通过自身的理性而寻求一种自然正当的生活。因此,在古典自然权利观念中,人类的完善是为了完成他的自然目标,政治体的目的和合法性取决于其自然正当性而非人们的同意;而在现代自然权利理论中,人与人之间是平等的,政治体的合法性取决于被统治者的同意,政治体的所有目的和合法性就在于保护人的自然权利。

其次,在坚持古今自然权利理论区别的前提下,主流的施学派认为,美国是建立在现代自然权利理论之上的国家。这种自然权利理论首先为洛克所表述:在自然状态下,人人生而平等,"理性,也就是自然法,教导着有意遵从理性的全人类:人们既然都是平等和独立的,任何人就不得侵害他人的生命、健康、自由或财产"。② 由

---

① 〔美〕列奥·施特劳斯:《自然权利与历史》,彭刚译,生活·读书·新知三联书店2003年版,第128页。
② 〔英〕洛克:《政府论》下篇,瞿菊农、叶启芳译,商务印书馆1964年版,第6页。

于自然状态存在着诸多问题,例如没有统一的判断标准,没有共同的裁判,每个人都更倾向于袒护自己的利益,人与人之间容易进入战争状态,威胁到每个人的自然权利。因此,人们缔结契约,建立政府,使得每个人的自然权利能够得到更好的保护。在《独立宣言》中,杰斐逊以相似的语言重复了洛克的这种自然权利观:"我们认为以下真理是自明的,人人生而平等,他们被他们的造物主赋予了某些不可剥夺的权利,其中包括生命、自由和追求幸福的权利。"在施派看来,美国政制就是建立在这种"低俗而稳固"的现代自然权利的基础之上的,或者,按照扎科特的说法,美国"并不是'建立在对现代性的畏惧'上的,而是建立在对现代性的拥抱上的"。①

最后,在主流的施派看来,美国是现代历史上第一个与古代政制决裂而建立在自然权利基础上的国家,这使得美国政制有别于当时的其他任何国家,包括英国。在《自然权利与新共和主义》一书中,扎科特详细比较了英国革命和美国革命,以及英国的《权利宣言》和美国的《独立宣言》的不同之处。扎科特认为,在革命这一问题上,美国人根据是否能够保护他们的权利来判断革命权是否合理;而英国人要保守得多,他们根据国王是否遵循王国内已经确定的法律和自由来判断革命是否合理。②在平等方面,《权利宣言》

---

① Michael Zuckert, *Natural Rights and the New Republicanism*, Princeton:Princeton University Press, 1994, Introduction, p. xix.
② Ibid., pp. 6—7. 关于美国革命意识形态的不同观念,参见 Bernard Bailyn, *The Ideological Origins of the American Revolution*, Cambridge, Ma:Harvard University Press, 1967; John Phillip Reid, *Constitutional History of the American Revolution:The Authority of Law*, Madison, Wis. : University of Wisconsin Press, 1993, 贝林阐释了美国革命意识形态的多种起源,里德认为美国革命诉诸的是英国的法律观念而非自然权利的观念。

并没有认可人人平等的观念,它并没有如同《独立宣言》那样以普遍性的称呼来指称一个国家中的公民,而是以"王国内所有阶层的人民"来指称,而且明确地规定武器持有权限于新教徒。①在人为政制的问题上,《权利宣言》认可了既有秩序的重要性,革命只不过是回到了古代政制,而《独立宣言》和美国革命者的理想则将美国革命和立国看做一次伟大的人类试验。②在同意这一问题上,《独立宣言》明确表明,统治者的统治需要被统治者的同意,而《权利宣言》则没有表明这一点,统治的合法性可以依赖于传统以及既有的秩序。③最后,《权利宣言》和《独立宣言》在权利这一问题上看法完全不同。美国人诉诸的是造物主所赋予的权利,这种权利完全先于并且独立于任何组织化的个人生活,而政府的作用则在于保护这些权利;相反,《权利宣言》所诉诸的权利则不是自然的,而是王国内已有法律、法规和自由所界定的古老的权利和自由,政府不是单纯地为保护人民的自然权利而存在,在这种有机生长的政治观念中,政治共同体本身就具有自然的地位。④通过对英美两国政治思想史的比较和分析,扎科特得出结论,英国革命的指导思想并不是洛克的理论,而是经过改革后的荷兰思想家格劳秀斯的自然法思想,而美国革命的指导思想则是洛克和杰斐逊的自然权利理论,这

---

① Michael Zuckert, *Natural Rights and the New Republicanism*, Princeton: Princeton University Press, 1994, pp. 7—9.

② Michael Zuckert, *Natural Rights and the New Republicanism*, Princeton: Princeton University Press, 1994, pp9—10. 也可参见阿伦特对英国光荣革命的分析,〔美〕汉娜·阿伦特:《论革命》,陈周旺译,译林出版社 2007 年版。

③ Michael Zuckert, *Natural Rights and the New Republicanism*, Princeton: Princeton University Press, p. 10.

④ Ibid., pp. 11—14.

使得美国的立国创立了一种"历史新秩序"(novus ordo seclorum)。

综上所述,在施派的论述中,《独立宣言》中的现代自然权利理论为美国政制奠定了基石,而美国宪法以及其他种种制度设计只不过为了更好地实现《独立宣言》的目的。①或者说,《独立宣言》是政治哲学家为美国政制进行立法的文本,而美国宪法则是实现这一立法目的的政治科学实践。②

当然,必须指出的是,这种对美国立国的解读是主流施派的观点,在 20 世纪 80 年代之后,雅法等少数西岸施学派的学者开始逐渐倾向于认为,美国立国的原则并非是纯粹的现代自然权利理论,而是糅合了洛克和亚里士多德的理论。在雅法看来,古典自然正当理论和现代自然权利理论只是施特劳斯在政治哲学思想史上进行的区分,是一种哲学家经过文本细读而得出的结论,但国父们对于洛克的理解肯定和施特劳斯的理解不同,国父们所接受的洛克的教导仍然具有审慎这一古典政治的美德。③因此,对于"有史以来最杰出的一代政治家,国父们不应当被理解为霍布斯主义者,洛克主义者或亚里士多德主义者。相反,他们是智者(phronemoi),在道德上和政治上睿智的人,是亚里士多德描绘的那种具有道德美德

---

① 因此,在伯恩斯看来,联邦党人所设计的美国宪法本身就是权利法案。Walter Berns, "The Constitution as Bill of Rights", in R. A. Goldwin and W. A. Schambra (ed.), *How Does the Constitution Secure Rights?*, Washington, DC: The AEI Press, 1985.

② Michael Zuckert, *Natural Rights and the New Republicanism*, Princeton: Princeton University Press, 1994, pp. 164—166.

③ Harry Jaffa, "Aristotle and Locke in the American Founding", *Claremont Review of Books*, February 10, 2001.

和政治美德的那种角色"。①在这样一种理论框架下,雅法对美国立国和政制的解读就更多地糅合了哲学上的现代自然权利理论和政治上的古典智慧。一方面,《独立宣言》为美国政制确立了原则,它"曾经是,而且仍然是美国证实美国存在的根本法律文件。从它那里,所有美国人民的后续行为,包括宪法,都从此开始计时,从此获得授权。它同时界定了从大不列颠分离出来并获得自由和独立的'一个民族'的法律和道德人格"。②但另一方面,"原则虽然必要,却并不是决定案件的足够条件"。知道原则本身"并没有告诉我们如何去处理原则。审慎的道德(prudential morality)意味在任何给定的情形下,尽最大的善,最小的恶"。③为了能够最好地捍卫美国政制的原则,就必须借助审慎的政治智慧作出决断。在雅法看来,美国1787年的行动正是通过这种审慎成功地建立了联邦,防止了奴隶制的蔓延,1861年,林肯也是以同样的对自然权利的承诺和审慎这一政治美德,实现了自由的新生。④

在后面的分析中,本书将主要以主流施派的观念作为分析对象。但是,以雅法为代表的西岸施派的观念也为这种分析提供了许多有益的参照。

---

① Harry Jaffa, *Storm over the Constitution*, Lanham, MD: Lexington Books, 1999, p. xviii, note2.
② Harry Jaffa, *Original Intent & the Framers of the Constitution*, Washington, DC: Regnery Gateway, 1994, p. 23.
③ Ibid., p. 29.
④ Harry Jaffa, *A New Birth of Freedom: Abraham Lincoln and the Coming of the Civil War*, Lanham, Md: Rowman & Littlefield Publishers, 2000.

三、美国立国的共和主义阐释

为了进一步阐释和分析施派对美国立国的分析,我们不妨通过最近几十年来施派和共和主义修正学派的一场争论入手,以便更清晰地了解施派的主张,窥探施派背后的立场和动机。从 20 世纪 60 年代以来,复兴的共和主义已经成为美国立国解释的一个重要流派,这一学派的学者不仅仅来自历史学界,而且有政治学、法学等多个学科的学者参与其中。

而在分析共和主义修正学派之前,有必要先简述美国史学界和政治学界对美国立国的研究。长期以来,学术界都认为美国革命的奠基意识形态是洛克式的自由主义。这其中最具有代表性的就是路易斯·哈茨的研究。哈茨认为,洛克式的自由主义在美国具有压倒性的地位,即使美国的普通民众未必知道洛克的理论和观念,他们的生活观念和行为方式也早已经是洛克式的了。而正是这种洛克式的对个人主义、资本主义、自然权利等价值的信奉造就了美国的繁荣。哈茨认为,美国没有发生社会主义革命或走向贵族社会的原因之一就是美国社会对于自由主义的这种信仰,而对美国社会的威胁也正是随时可能出现的各种偏离自由主义原则的非理性思想。

哈茨的著作《美国的自由传统》出版于 1955 年,从学术史的角度来看,哈茨以及当时强调美国中产阶级具有自由主义共识的"共识学派"是对更早时期的马克思主义史学派的一次"拨乱反正"。

在第二次世界大战以前,以马克思主义为分析框架,强调阶级和经济冲突的"进步派"在美国史学界一直占据着主导地位。"进步派"的代表人物查尔斯·比尔德通过对制宪会议时期的个人身份和利益关系的详细分析,认为参加制宪会议的代表"至少有六分之五的人对他们在费城的努力结果有紧密的、直接的和个人的利害关系,而且由于宪法的通过他们在不同程度上成为经济上的受益人"。① 比尔德据此总结认为,决定美国政治的真正力量其实一直都是经济利益,而法律和政治观念都只不过是经济利益的意识形态表现而已。另一位深受马克思主义影响的学者维农·帕灵顿则认为,美国历史就是以经济上占优势的牧师、商人、奴隶主、工厂主等为代表的政党和经济上占劣势的农民、工人、无产者为代表的政党之间的斗争。②

哈茨显然对这种用马克思主义分析框架套用美国现实的研究进路极为不满,在《美国的自由传统》一书中,他借用托克维尔对美国社会的分析,认为美国是一个从立国时期就平等的社会,并不存在进步学派所称的那种阶级冲突③;而且,他在书中也再度将政治观念放在了一个极为重要的地位,而不是像比尔德那样,把政治观

---

① 〔美〕查尔斯·比尔德:《美国宪法的经济观》,何希齐译,商务印书馆 1984 年版,第 3 页。对比尔德的批判,参见 Robert E. Brown, *Charles Beard and the Constitution: A Critical Analysis of "An Economic Interpretation of the Constitution"*, Princeton: Princeton University Press, 1956; Forrest McDonald, *We the People: The Economic Origins of the Constitution*, Chicago: University of Chicago, 1958.

② Richard Hofstadt, *The Progressive Historians: Turner, Beard, Parrington*, New York: Knopf, 1968, p. 438.

③ 〔美〕路易斯·哈茨:《美国自由主义的传统》,张敏谦译,金灿荣校,中国社会科学出版社 2003 年版,第 223—229、249—253 页。

念仅仅看做一种经济利益的伪装。①

在对待马克思主义进步史学的态度上,共和主义修正学派延续了哈茨对经济决定史观的批判。例如,贝林(Bernard Bailyn)认为,思想和意识形态在美国革命中具有巨大的作用,而并不是像进步学派所说的,思想和理论仅仅是殖民者的宣传,只具有表面的价值。② 其他很多共和主义修正学派的论者也延续了贝林的进路,抛弃了进步学派对美国革命的解释,将美国革命重新视为一种意识形态的变革。③

真正使共和主义修正学派区别于以哈茨为代表的共识理论的,是如何看待洛克在美国革命中的作用,以及共和主义思潮在美国革命和立国中的地位。共和主义修正学派之所以被称为"修正",其最主要的特征就在于质疑洛克在英美思想和美国革命中的地位,试图通过思想史的重新解读来发现一种被忽略的共和主义思想谱系。贝林于1967年出版的《美国革命的意识形态起源》往往被认为是共和主义修正学派的开山之作。在这本书中,贝林考察和分析了美国意识形态的几种来源:古代作家特别是古代史学家的著作,诸如洛克和伏尔泰的启蒙哲学家的著作;新教徒尤其是清教徒的著作,诸如柯克等人的普通法思想;辉格党反对派的著作。通过对美国革命时期意识形态的详细考察,贝林将美国的辉格党

---

① 哈茨的这一主张显然深受托克维尔对民情(mores)考察的影响,参见〔法〕托克维尔:《论美国的民主》,董果良译,商务印书馆1988年版。

② Bernard Bailyn, *The Ideological Origins of the American Revolution*, Cambridge, Ma: Harvard University Press, 1967, p. vii.

③ Peter Onuf, "Reflections on the Founding", *William and Mary Quarterly*, 3d ser., 46(1989), p.346.

反对派提高到了一个极为重要的地位,认为美国人最为关心的是权力和阴谋对自由的腐蚀,而并不是诸如自然权利、社会契约、同意等概念。①

贝林对美国革命时期意识形态的重组式解读引发了一系列学者对美国革命与政制的重新解读,其中最为著名的学者之一就是他的学生戈登·伍德(Gordon Wood)。1969 年,伍德出版了影响深远的《美利坚合众国的创生:1776—1787》,该书对美国革命和立国时期的意识形态进行了仔细的考察。在伍德看来,18 世纪英国政治思想更多地受马基雅维利和孟德斯鸠而不是洛克的影响,英国殖民者也大多将社会看做是有机构成的整体,而非机械和理性的整体。②到了美国革命时期,美国人也仍然维持着这种古典的思维方式,没有抛弃英国宪法的"自由和古老的原则","即使是独立宣言,也没有否认英国宪法的原则"。③通过 1776 年的美国革命,共和主义的思潮在美国占据了主导性的地位,这种共和主义的思潮时常诉诸古典共和主义,并且把公共的善作为自己的核心和理想目标,把德性视为共和主义的必需要素。④然而,从 1776 年到 1778 年,经过十几年的变迁,人们的思想意识形态发生了巨大的改变,出于对共和主义试验的失望,人们放弃对古典共和主义思想的追求,转而拥抱个人主义的以利益对抗利益,以野心对抗野心的现代

---

① Bernard Bailyn, *The Ideological Origins of the American Revolution*, Cambridge, Ma: Harvard University Press, 1967, p. 29.
② Gordon Wood, *The Creation of the American Republic*, 1776—1787, Chapel Hill, NC: University of North Carolina Press, 1969, p. 29.
③ Ibid., p. 45.
④ Ibid., pp. 53—70.

性思潮。在一节名为"古典政治的终结"的篇章里,伍德写道:"为国家的公共的善而牺牲个人利益,以此来凝聚共和的有机体,这种观念不再流行,取而代之的是美国人对'公共意见'的强调,以此作为所有政府的基础。"①

伍德对美国革命与立宪的这种解读显然有别于贝林,一方面,伍德的解读特别突出了共和主义思潮在美国革命时期的重要地位,另一方面,伍德并没有像贝林那样去勾勒一种比较连续性的革命意识形态,反而通过美国革命和立宪这两个节点刻画了一种演变和断裂的意识形态。事实上,在1991年出版的《美国革命的激进主义》一书中,伍德更为明确地将美国社会划分为君主制、共和制和民主制三种形态,认为1776年和1787年是君主制转向共和制和共和制转向民主制的两个重要时间标志。②

另一名和贝林、伍德齐名的共和主义学派巨头则是波考克。和贝林、伍德对美国革命与立宪的专攻不同,波考克的研究范围要广很多。通过对大西洋两岸政治思想家的考察,波考克宣称,理解英美政治思想史的关键之处并不在于洛克,在18世纪的政治辩论中,处于核心地位的是关于美德、腐化等概念体系,他们是亚里士多德主义的和马基雅维利主义的,而不是洛克主义的。③通过对亚

---

① Gordon Wood, *The Creation of the American Republic, 1776—1787*, Chapel Hill, NC: University of North Carolina Press, 1969, p.602.
② Gordon Wood, *The Radicalism of the American Revolution*, New York: Alfred A. Knopf, 1992.
③ J. G. A. Pocock, *The Machiavellian Moment: Florentine Political Thought and the Atlantic Republican Tradition*, Princeton: Princeton University Press, 1975, p.424; J. G. A. Pocock, *Politics, Language, and Time: Essays on Political Thought and History*, NewYork: Atheneum, 1971, p.144.

第六章 政治哲学视野下的美国政制

里士多德尤其是马基雅维利的重新阐释,波考克宣称英美政治思想史中存在着一种重要的公民人文主义(civil humanism)的思想谱系。所谓公民人文主义,指的是这样一种思想类型:"只有当作为公民的个体,即作为一个自觉和自主的参与者参与到一个自主决策的群体,也就是城邦或共和国当中,一个人才有可能走向自我实现。"①这样,在波考克的笔下,亚里士多德思想的重点和特征就不再是自然主义的,人性的核心被认为是非自然的,一个人的价值只有在参与政治的时候才能表现出来。亚里士多德的这种公民人文主义经过马基雅维利的继承和改造,并最终通过另一个重要人物——哈林顿——的改造,成为英国的主流意识形态。而后,从17世纪中期开始,英国的这一公民人文主义又传播到了美国,成为美国革命的主流意识形态。波考克据此认为,美国革命并非建立在洛克式的自由主义的基础之上,是一次全新的创造,相反,美国革命是文艺复兴的最后的伟大一幕,是马基雅维利时刻的再生。②

波考克的公民人文主义显然受到了阿伦特极大的影响。阿伦特在分析古代人的平等和现代人的平等时说:"平等仅仅存在于这样一个特定的政治领域中,在那里,人们作为公民而不是私人与他人相遇。"③在谈到自由时,她又认为:"一个自由人的生活需要他人在场。是故自由本身需要一个使人们能走到一起的场所——集会、

---

① J. G. A. Pocock, *Politics, Language, and Time: Essays on Political Thought and History*, New York: Atheneum, 1971, p. 85.
② J. G. A. Pocock, "Virtue and Commerce in the Eighteenth Century", *Journal of Interdisciplinary History* 3 (Summer 1972), p. 122.
③ 〔美〕汉娜·阿伦特:《论革命》,陈周旺译,译林出版社2007年版,第19页。

市场或城邦等相宜的政治空间。"①通过对亚里士多德等人的阐释，阿伦特将公共生活提高到了一个前所未有的高度，离开了人与人的对话和公共生活，个人的生活将会迅速腐败："城邦之于希腊人，如同共和国之于罗马人，最重要的是提供了一个空间，以抵御个人生活的空虚，为有死之人保留了相对的持久性，如果不是不朽的话。"②在阿伦特看来，美国立国正是一种自我创造的政治活动，美国的国父们将自己设想为国父，他们将立国举动本身，而不是不朽的立法者、不言而喻的真理或其他超验的源泉视为政治权威的来源。③

除了上文提到的共和主义三巨头以及他们的先驱阿伦特之外，其他一些被称为共和主义综合论者的学者也加入了对洛克理论在美国立国思想中的作用的批判，以共和主义的思想来阐释美国革命和立国。例如，加里·威尔斯认为，杰斐逊并不是一个洛克主义的信徒，相反，杰斐逊其实深受苏格兰启蒙哲学影响，尤其是苏格兰思想家哈奇森（Francis Hutcheson）的影响。正是在一种更具有社群主义和强调道德德性的理论的影响下，杰斐逊最终起草的《独立宣言》以"生命、自由和追求幸福的权利"代替了洛克的"生命、自由、财产"这三大权利。④同样，其他学者，例如兰斯·班宁（Lance

---

① 〔美〕汉娜·阿伦特：《论革命》，陈周旺译，译林出版社2007年版，第20页。
② 〔美〕汉娜·阿伦特：《人的境况》，王寅丽译，上海人民出版社2009年版，第37页。
③ 〔美〕汉娜·阿伦特：《论革命》，陈周旺译，译林出版社2007年版，第188—189页。
④ 参见 Garry Wills, *Inventing America: Jefferson's Declaration of Independence*, New York: Garden City, 1978. 对该书的批判，参见 Harry Jaffa, "Inventing the Past", *The Saint John's Review* 33(1981): 3—19.

Banning)、杰克·格瑞尼(Jack P. Greene)、乔伊斯·阿普尔比(Joyce Appleby)、杰克·雷克夫(Jack N. Rakove)等人也从不同的角度分析了美国立国的共和主义之维。①

共和主义的复兴虽然从美国革命的重新阐释开始,但这种对共和主义的强调很快就从一种描述性的历史考察转变为政治学者和法学家们的规范性分析。例如,布鲁斯·阿克曼通过二元民主观的建构,以常规政治和宪法政治二者来重新解释美国宪法的发展历程。再如,弗兰克·米歇尔曼(Frank Michelman)基于对鲍尔斯诉哈德威克案(Bowers v. Hardwick)②的反对意见,论证了一种非国家中心的具有共和主义公民身份的概念,以此来完善一种强调公民政治参与的规范性宪法理论。按照米歇尔曼的论述,这种构想的公共政治参与主体避开了阿克曼所谓的"我们人民",是一种带有古典共和主义精英色彩的诸如市镇会议、公民社团、各种各样的俱乐部、董事会以及领导团体等"小型对话共同体"。③同样,凯斯·桑斯坦(Cass Sunstein)也曾经是协商民主和共和主义的积极鼓吹者,他认为,共和主义的复兴"主要针对两类人:一类人认为宪

---

① Lance Banning, *The Jeffersonian Persuasion: Evolution of a Party Ideology*, Ithaca and London, 1978; Jack P. Greene, *The Reinterpretation of the American Revolution: 1763—1789*, New York: Harper & Row, 1968; Joyce Appleby, *Liberalism and Republicanism in the Historical Imagination*, Cambridge: Harvard University Press, 1992; Jack N. Rakove, *James Madison and the Creation of the American Republic*, New York: Glenview, 1990; Jack N. Rakove, *Original Meaning: Politics and Idea in the Making of the Constitution*, New York: Vintage Books, 1996, Robert E. Shalhope, *The Roots of Democracy: American Thought and Culture, 1760—1800*, Boston: Twayne Publishers, 1990.

② 478 U.S. 186 (1986),详细的分析,参见〔美〕米歇尔曼,《法律共和国》,载应奇、刘训练编:《公民共和主义》,东方出版社2006年版,第178—182页。

③ 参见同上书,第212页。

法的目的只是为保护一系列确定好的'私人权利';另一类人认为宪法是为了给在自利的私人团体中挣扎的利益集团提供规则"。在桑斯坦看来,个人权利和利益不能被看做是前政治和外在的,而应当被看做是被批判审查的对象;同理,共同善也不是预定的产物,而是商议和参与的结果。①

四、施派对共和主义学派的批判

共和主义修正学派是一个庞杂的群体,他们在不同的问题上往往有着较大的争论,但是,所有共和主义修正学派的学者都认为,存在一个被称为共和主义学派或辉格党反对派或古典共和主义者的英美政治思想谱系。②施派大多认同这个所谓的辉格党反对派在美国立国时期的巨大作用,但同时又对共和主义学派的这种思想史阐释持非常批判的态度,认为他们误读了思想家们的真正教诲。

施派对贝林的批判或许是对共和主义三巨头的批判中最轻的。贝林虽然贬低自然权利思想在美国革命和立国中的地位,将辉格党反对派的恐惧权力这一意识形态提到了前所未有的高度,但是,在施派看来,贝林的这一阐释其实并没有否认自然权利的重要地位;因为对权力腐蚀自由的恐惧其实还是为了保障人们的自然权

---

① Cass Sunstein, The Partial Constitution, Cambridge: Harvard University Press, 1993, p. 21.
② Robert Shalhope, "Toward a Republican Synthesis: The Emergence of an Understanding of Republicanism in American Historiography", *The William and Mary Quarterly*, 29(1972):49—80.

利,"即使贝林省略了对《独立宣言》的讨论,他笔下的受辉格党激发的美国人也很像洛克"。① 而对于贝林所看重的辉格党反对派的影响,特别是加图信札(Cato's Letters)常常诉诸的古代和罗马的德性②,潘格尔认为,加图信札的确常常歌颂古代尤其是罗马的德性,但他们是以一种非古典和非罗马的方式来解读德性的:加图信札**嘲笑斯多葛学派**,而斯多葛学派正是激发罗马历史上的布鲁图斯和加图的动力;加图信札特别推崇的是罗马和希腊人对于政治中的**德性的不信任**;而且,加图信札明确指出,人类从本质上来说是**自私**的。③ 加图信札的这些特征充分说明,辉格党人信奉的完全是"一种洛克式的政治哲学"。④

施派对伍德的批判则要比对贝林的批判激烈很多。但是,比较有趣的是,施派对伍德的批判很难说是整体上的正面的交锋,而是常常斥责伍德玩弄原始材料,前后矛盾地把各种材料糅合到他的古典共和主义当中。⑤ 例如,伍德认为:"社会地位的大致平等恰巧是共和主义的核心所在,自从古代以来,思想家们就认为共和主义的国家需要其公民拥有平等的财产权",以及"平等和独立密切相

---

① Michael Zuckert, *Natural Rights and the New Republicanism*, Princeton: Princeton University Press, 1994, p.155

② 加图信札(Cato's Letters),指的是英国的辉格党反对派或乡村反对派特伦查得(Trenchard)和戈登(Gordon)以加图的名义于1720—1723年之间连载的一系列信件,这些信件在美国殖民地被广泛传送,产生了巨大的影响。

③ Thomas Pangle, *The Spirit of Modern Republicanism: The Moral Vision of the American Founders and the Philosophy of Locke*, Chicago: University of Chicago Press, 1988, pp.32—33.

④ Michael Zuckert, *Natural Rights and the New Republicanism*, Princeton: Princeton University Press, 1994, p.297.更一般性地讨论,参见该书第297—319页。

⑤ Michael Zuckert, *Natural Rights and the New Republicanism*, Princeton: Princeton University Press, 1994, p.351, note 52.

关,事实上,杰斐逊起草的《独立宣言》的初稿写的就是'人生来就是自由和独立的'"。①扎科特认为这完全是对《独立宣言》的误读,因为"所有人生而平等",这只是对于一个前政治社会的一种描述,并不能推论出政治社会中也应当在财产上保持平等,更不能由此推断出杰斐逊的共和主义倾向。②对于伍德的共和主义式的解读,斯托林也进行了批判,他认为,伍德将反联邦党人刻画为反自由主义或反洛克主义的共和主义思想的信奉者,这是对反联邦党人的误解,如果仔细阅读反联邦党人全集,就会发现反联邦党人和联邦党人一样,完全是洛克主义的:他们的总结中总是不断地出现洛克主义对个人财产权、自然状态、社会契约、自然抵抗权力的强调。③

而对于波考克,施派的批判似乎更为猛烈。首先,在施派看来,波考克对亚里士多德的公民人文主义解读误解了亚里士多德。在波考克的笔下,亚里士多德的人文主义将公民参与政治的自由视为一种最高的价值。然而,这完全是一种误读,因为亚里士多德固然会赞赏这种参与公共政治的公民德性(civic virtue),但亚里士多德并不认为这种公民德性是完满的,在公民德性之外,"还有更高的道德德性或伦理德性,这些诸如慷慨、鉴赏艺术的能力、诚恳而机智的对话、亲密的友爱的其他更高的德性,即使在最好的政治

---

① Gordon Wood, *The Radicalism of the American Revolution*, New York: Alfred A. Knopf, 1992, p.234.
② Michael Zuckert, *The Natural Rights Republic*, Notre Dame: University of Notre Dame Press, 1996, p.21.
③ Herbert Storing, *The Complete Anti-Federalist*, vol.7, Chicago: University of Chicago Press, pp.2,4,29.

中也只能部分地实现,而且也常常为这种政治所阻碍"。① 这里顺便值得一提的是,施派也把这种对波考克的批判应用在了对阿伦特的批判上,因为波考克对亚里士多德的人文主义解读受到了阿伦特很大的影响。②

其次,施派认为波考克对马基雅维利的解读也是不正确的。波考克将马基雅维利看做是亚里士多德的继承者和改造者,在马基雅维利身上发现了"德性"这一共和主义的关键要素。但在施派看来,马基雅维利真正细心的读者会发现,马基雅维利的新共和主义和洛克的资本主义精神并不冲突,马基雅维利的"德性"和洛克的无限度获取的道德观其实非常相似。③ 相反,在马基雅维利和亚里士多德等古典思想家之间却有一道无法跨越的鸿沟,因为马基雅维利提出,政治与道德具有不同的标准,正义无法得到自然的支持,现实政治需要以非道德目标决定行为方式。④ 通过设想自己处于极端情况,马基雅维利抛弃了亚里士多德关于自然正当的学说,把"正义的要求简化为势在必行的需要"。⑤

最后,波考克对英国化的共和主义叙述和美国化的共和主义传统的阐释也是非常扭曲的。在波考克的叙述中,哈林顿的《大洋

---

① Thomas Pangle, *The Spirit of Modern Republicanism*: *The Moral Vision of the American Founders and the Philosophy of Locke*, Chicago: University of Chicago Press, 1988, p.57.
② Ibid., pp.49—61.
③ Ibid., p.30.
④ 〔美〕列奥·施特劳斯:《关于马基雅维里的思考》,申彤译,译林出版社 2001 年版,第 270 页。
⑤ 〔美〕列奥·施特劳斯:《自然权利与历史》,彭刚译,生活·读书·新知三联书店 2003 年版,第 164 页。

国》是一个决定性的因素,它的出版"标志着一种范式突破的时刻,它从公民人文主义和马基雅维利共和主义中提取出概念,并用这些概念来改造英国政治理论和历史"①,同时,这种英国化的共和主义经过博林布鲁克(Bolingbroke)、内维尔(Neville)、弗莱彻(Fletcher)、莫伊利(Moyle)、托兰德(Toland)、莫尔斯沃斯(Molesworth)、特伦查得(Trenchard)和戈登(Gordon)等新哈林顿主义者的改造,和英国的古代宪法形成了和谐,并最终为美国的国父们所接受。②但是,在施派看来,这种一种思想链条完全是波考克通过误读和曲解编织起来的,例如,曼斯菲尔德就认为,哈林顿其实和马基雅维利相去甚远,哈林顿其实设想了一种能够独立运行的正义体制,但哈林顿本人并没有像马基雅维利那样去设想贵族和人民之间对立的性情,也没有看到暴政发生的可能。③同样,对于波考克所谓的新哈林顿主义和美国国父们的古典共和主义谱系,施派也进行了尖刻的批判和嘲讽。④

扎科特的一段话很好地总结了施派对共和主义学派的批判,在扎科特看来,"大多数现在被讨论的古典共和主义是政治科学层面

---

① J. G. A. Pocock, *The Machiavellian Moment*: *Florentine Political Thought and the Atlantic Republican Tradition* , Princeton: Princeton University Press, 1975, p. 359.

② J. G. A. Pocock, *Politics*, *Language*, *and Time*: *Essays on Political Thought and History*, New York: Atheneum, 1971, p. 340.

③ 参见〔美〕哈维·曼斯菲尔德:《驯化君主》,冯克利译,译林出版社 2005 年版,第 211—215 页。

④ 对新哈林顿主义的批判,参见 Paul Rahe, *Republics*: *Ancient and Modern*, Chapel Hill: The University of North Carolina Press, 1992, pp. 429—440, Michael Zuckert, *Natural Rights and the New Republicanism*, Princeton: Princeton University Press, 1994, pp. 170—175. 对于将美国国父们的思想解读为古典共和主义的批判,参见 Paul Rahe, *Republics*: *Ancient and Modern*, Chapel Hill: The University of North Carolina Press, 1992, 第三部分。

第六章 政治哲学视野下的美国政制

的政治思想;而大多数被讨论的自由主义是在政治哲学层面的思考",这样,共和主义修正学派其实"或多或少混淆了两个层面的政治思想,把两个不同层面的思想谱系看成一个层面的并且是互相冲突的"。①在施派看来,共和主义修正学派所提炼的很多共和主义要素,其实都只不过是一种政治科学的考虑,其背后的政治哲学基础仍然是洛克式的。共和主义所倚重和提取共和主义因子的人物,如杰斐逊、麦迪逊、联邦党人和反联邦党人,莫不是如此。

施派认为,共和主义修正学派的这些误解的原因在于倒读历史,他们对于经典文本只有泛泛的了解,或者只是经过一些二手的材料来进行了解。他们"缺乏美国国父和他们的英国先辈们所拥有的那种对古代文本的熟悉……而且,相比起18世纪读者们的阅读精神,当前的学者对古代和早期政治哲学文本的阅读是以一种格格不入的方式进行的,而且极为轻浮"。即使是波考克,也似乎"仅仅将他对古代思想的研究局限在了亚里士多德的《政治学》这一文本中,而美国的国父们对这一文本的引用要远远少于色诺芬、普鲁塔克和其他经典资料"。②

施派在对共和主义修正学派进行批判的时候,也往往会批判前

---

① Michael Zuckert, *Natural Rights and the New Republicanism*, Princeton: Princeton University Press, 1994, p. 165.
② Michael Zuckert, *The Natural Rights Republic*, Notre Dame: University of Notre Dame Press, 1996, p. 29.

文提到的以比尔德为代表的"进步史学派"。①在这一点上,施派的看法和哈茨等人的"共识学派"是一致的,他们都认为,从经济动机上解释美国立国,把国父们的争论都看成一种虚伪的经济利益的反映,这是一种扭曲的误读。但是,值得一提的是,虽然施派和哈茨一样主张返回美国立国的洛克主义阐释,但施派也同样没有放过对哈茨的批判。例如,潘格尔认为,由于哈茨没有对洛克文本进行真正仔细的精读,而仅仅从洛克和国父们的著作中提取一些政治和理论观念,因此哈茨从来就没有真正弄懂洛克的自然法和自然状态。而且,哈茨认为国父们以霍布斯式现实主义的名义背叛了美国式的自由主义理念,这种看法反映了哈茨"误解了美国政治自由主义的实质,陷入了某种令人吃惊的矛盾之中"。②

五、理性主义的坚守

怎样理解施派对美国立国的种种独特见解以及施派为何要介入对美国政制的讨论?对此,很多学者都将施派的这种动机和美国的右翼保守主义政治结合起来。例如,伍德在 1988 年发表于《纽约时报书评》上的文章就认为,"施特劳斯主义者比其他任何团

---

① 参见 Harvey C. Mansfield, "Social Science and the Constitution", in Allan Bloom, (ed.), *Confronting the Constitution*, American Enterprise Institute Press, 1990, p. 429; Thomas Pangle, *The Spirit of Modern Republicanism: The Moral Vision of the American Founders and the Philosophy of Locke*, Chicago: University of Chicago Press, 1988, pp. 11, 14—15; 〔美〕布鲁姆:《美国精神的封闭》,战旭英译,译林出版社 2007 年版,第 11 页。

② Thomas Pangle, ibid., 1988, p. 27.

体更试图为宪法争论设定议程。他们试图界定术语、组织会议和霸占讨论。一个很大的原因当然是他们能够在一个保守的共和党政府里牟取权力和金钱"。①而加拿大学者德鲁里所撰写的名为《列奥·施特劳斯与美国右派》的书籍和诺顿的《施特劳斯与美利坚帝国的政治》则更是咬定施特劳斯主义者和美国右翼保守主义政治之间的关联。②对于这种从权力动机和金钱动机上来揣度甚至贬低对手的做法,施派自然矢口否认,颇为不屑。③的确,从学术和智识上说,不论美国政府中的施特劳斯主义者和施特劳斯学派之间有着怎样的关系,这都不能成为轻视对手,否定严肃的学术讨论和学术批判的理由。

这种坚持智识和理性独立性,否认将智识和理性化约为经济、社会或权力反映的立场,正是施派的一个鲜明特征。综观施派对共和主义修正学派、对比尔德的进步主义史学派以及对哈茨的共识学派的批判,其实可以发现,施派一直强调必须从哲学和智识的角度来思考美国立国,必须反击那些将理性的智识思考简化为经济利益或社会性支配的"学术研究",这些学术研究总是将国父们视为某种支配性因素操控下的发言人,并没有自身独立的理性能

---

① Gordon S. Wood, "The Fundamentalists and the Constitution", *New York Review of Books*, February 18, 1988. 伍德同时也承认,施特劳斯主义者介入美国宪法的另一个原因是智识上的。

② 〔美〕德鲁里:《列奥·施特劳斯与美国右派》,刘华译,华东师范大学出版社 2006 年版;Anne Norton, *Leo Strauss and the Politics of American Empire*, New Haven & London: Yale University Press, 2004. 后一本书事实上是施派弟子所著,这本书撇清了施特劳斯和美国政治的直接关系,却指控政治施特劳斯主义者和美帝国之间的关系。

③ David Lewis Schaefer, Leo Strauss and American Democracy: A Response to Wood and Holmes, *The Review of Politics*, Vol. 53, No. 1, Special Issue on the Thought of Leo Strauss (Winter, 1991), p. 199.

力。正如斯托林在评论伍德时指出的:"伍德的眼光深邃明晰,但与其说,伍德对反联邦党人(或整个联邦党人)如何理解自身感兴趣,不如说,他在意的毋宁是揭示派生出整个'意识形态'领域的社会力量。仅联邦党人的彻底政治性辩论在伍德笔下成了彻底的社会学辩论。"①

将所有的经济、历史、社会和语境排除在思想史的研究之外,这显然和马克思主义史学格格不入,因为马克思主义史学往往将意识形态视为经济和社会因素的反映。但即使在较为注重思想史本身的共和主义修正学派看来,这种极端的立场也不可取。在对施派的批评中,伍德承认,必须如同施特劳斯主义者一样,应当仔细地按照国父们本来的意图去解读他们的文本,但伍德同时强调,这种解读不应该过分神话国父们的文本,历史的事实是:"在1787年夏天国父们准备建立新的全国政府的时候,权力分立、权力制衡、联邦主义、违宪审查,这些美国最伟大的宪政原则还没有在国父们的脑袋里清晰地形成";"很多立国时期形成的最重要的宪政原则是无意识创造的,它们并不是仔细地哲学思考后得出的,而是在激烈的政治辩论中得出的"。②

如果伍德的论述是正确的,那么施派排除所有历史背景的哲学解读会不会形成另一种扭曲?轻视经典文本的随意解读固然是一种轻浮的学风,但字里行间的精读会不会也演变为过度阐释?如

---

① 〔美〕斯托林:《反联邦党人赞成什么?》,汪庆华译,北京大学出版社2006年版,第3页。
② Gordon S. Wood, "The Fundamentalists and the Constitution", *New York Review of Books*, February 18, 1988.

果国父们对于自身的论辩并没有绝对清晰的意图,事实的确如伍德所说的那样,很多思想是在政治辩论和行动中不经意形成的,那么,从历史求真的角度看,借助历史社会背景去分析国父们的行动和智识活动之间的关联,就具有完全的正当性。

对于伍德的这种质疑,施派似乎很难正面回应。首先,就学术训练上来看,施派的学术训练主要集中在经典著作的解读上,对思想史比较熟悉,对于具体的史料性的考证,施派显然无力和伍德这类专业学者相抗衡。其次,悖论的是,如果施派介入到这种具体历史的考证中去,那就无异于承认智识可能不是理性的,不具有自身的独立性,而仅仅是一种社会的反映或投射。因此,面对这种质疑,施派所采取的立场只能是坚守阵地,坚持智识最核心之处的独立性,然后承认在一些具体问题上国父们可能会根据情势来调整自己的论辩方式。正如上文扎科特的政治哲学和政治科学的区分一样,在政治哲学上,国父们并没有含糊之处,而在政治科学方面,也就是实现政治哲学所设定目的的手段上,国父们会有一定的变化;而这些微妙的变化和表达的隐晦,正需要文本精读来加以甄别。

从某种程度上说,在伍德和施派的争论中,我们似乎会发现伍德的论辩更具有说服力,毕竟,如同施派所承认的,国父们本身并非哲学家,他们的思想中掺杂了许多其他的考虑。①对于这样一些

---

① Thomas Pangle,"Human Nature and the Constitution", in *Confronting the Constitution*, in Allan David Bloom (ed.), *The Challenge to Locke, Montesquieu, Jefferson and the Federalists From Utilitarianism, Historicism, Marxism, Freudianism, Pragmatism, Existentialism*, The AEI Press, 1990, p. 11.

政治家而非哲学家来说，要从他们的身上辨认出一种完全独立的理性，这本身就存在很大的困难。更何况，为何要将美国立国研究的焦点放在极小部分的国父身上？难道社会普遍存在的思想或意识形态就不值得研究吗？就美国立国时期政制的思想意识形态来说，其演变过程或许更接近于伍德在《美利坚合众国的创生：1776—1787》和《美国革命的激进主义》中所阐释的那样，是一个连续的不断变化的过程。①对于社会整体而言，人类的意识形态必然会受到社会的影响甚至是支配。

然而，问题并没有这么简单，在这种分歧和辩论的背后，仍然存在着一个根本性的问题：什么是真，什么是纯粹的知识？在伍德这样的现代历史学家的眼中，所有的社会意识形态都是一种真实的存在，因而知识也就意味着尽可能客观中立的研究。但在施派看来，复杂多变的意识形态与其说是一种真和纯粹的知识，毋宁说是一种特殊性的表现。真实有赖于对自然正当的发现，只有那些被认为是自然的东西，才是真的东西，才是纯粹的知识。如同施特劳斯所言："自然一经发现，人们就不可能把自然族群的与不同人类部族所特有的行为或正常的行为，都同样看做是习惯或方式。自然物的'习惯'被视为它们的本性（nature），而不同人类部族的'习惯'则被视为他们的习俗。原先的'习惯'或'方式'的概念被分裂成了一方面是'自然'（nature）的概念，另一方面是'习俗'的概

---

① Gordon Wood, *The Creation of the American Republic*, 1776—1787, Chapel Hill, NC: University of North Carolina Press, 1969; Gordon Wood, *The Radicalism of the American Revolution*, New York: Alfred A. Knopf, 1992.

念。自然与习俗，physis 与 nomos 之间的分野，就此与自然之发现，从而与哲学相依相存。"①从施特劳斯的论述中，我们可以推导出，要发现真正的纯粹的知识，就必须超越习俗所展现的幻想，以自然的视野来指导对习俗的研究。没有对自然的发现和坚持，仅仅使自己置身于特殊性的习俗之中，就不可能发现真正的自然正当，也就不可能发现真正的纯粹的知识。

在这样的坚持古典自然正当的视野之下，伍德所坚持的历史学的求真的学术伦理就变成一种蔑视真理的虚无历史主义，这种历史主义宣称，真理永远无法达到，历史只是一种漫无目的的演进，价值也随着历史的演化而演化。②既然如此，那么人类也就无法分辨一个社会中何种论辩更有价值，何种论辩没有意义，因为"所有人类思想都是历史性的，因而对于把握任何永恒的东西来说都无能为力"。③在美国政制的研究中，这种历史主义的变种可谓变化万千，既有各种强调"活的宪法"(living constitution)的演进历史主义④，也有诸如阿伦特这样强调某个特殊历史时刻的激进历史主

---

① 〔美〕列奥·施特劳斯：《自然权利与历史》，彭刚译，生活·读书·新知三联书店2003年版，第91页。

② Leo Struass, *What is Political Philosophy?* New York: Free Press, 1959, pp. 56—77; David Lewis Schaefer, Leo Strauss and American Democracy: A Response to Wood and Holmes, *The Review of Politics*, Vol. 53, No. 1, Special Issue on the Thought of Leo Strauss (Winter, 1991), p. 189.

③ 〔美〕列奥·施特劳斯：《自然权利与历史》，彭刚译，生活·读书·新知三联书店2003年版，第13页。

④ 参见 Fred Bauman, Historicism and the Constitution, in Allan David Bloom (ed.), *Confronting the Constitution, The Challenge to Locke, Montesquieu, Jefferson and the Federalists From Utilitarianism, Historicism, Marxism, Freudianism, Pragmatism, Existentialism*, Washington, DC: The AEI Press, 1990, pp. 286—287.

义。①它们虽然看上去有风格迥异的主张,但都分享一个最基本的假设,那就是人类没有一个不变的判断标准,有的只是随着历史变化而变化的相对主义。

在这一点上,施派和美国的国父们有着共同的气质和共同的敌人。在美国立国的辩论中,我们发现理性在制度设计中占据了极为重要的地位。在为《直面宪法》所撰写的导言中,布鲁姆写道:

> 施特劳斯的一生都保持着对一个问题的追寻:什么是理性?他的一生都在不懈地探寻对古典理性主义、现代理性主义以及各种反理性主义(antirationalism)和非理性主义(irrationalism)的澄清。一个探寻的结果就是他对苏格拉底意义上的政治哲学的发现,以此作为理解人类生活中理性的位置或命运的起始点。因此,当他来到美国,他发现美国和他气质相投。美国政制对于作为犹太人和哲学家的他是友善的。而且,显然,对于他的这两个方面的保护和自由主义原则中的理性的普适性有关。在德国,他曾经同时经历了在理论上和实践上对这种自由主义原则的批判,和其他许多难民不同的是,他毫不犹豫地选择了一个从它建立起就面对理性和启示问题的政制,而拒绝了对古老文化的神化,不论这些文化是多么灿烂。②

---

① 参见 Thomas Pangle, *The Spirit of Modern Republicanism: The Moral Vision of the American Founders and the Philosophy of Locke*, Chicago: University of Chicago Press, 1988, pp. 49—50.

② Alan Bloom: Introduction, in Allan David Bloom (ed.), *Confronting the Constitution, The Challenge to Locke, Montesquieu, Jefferson and the Federalists From Utilitarianism, Historicism, Marxism, Freudianism, Pragmatism, Existentialism*, Chicago: The AEI Press, 1990, p. 6. 从施特劳斯的犹太人这一身份解读现代性的危机,参见徐戬:《高贵的竞赛——施特劳斯与"主义"的彼岸》,载《开放时代》2009 年第 9 期。

第六章 政治哲学视野下的美国政制

打破历史主义的文化神话,重新激活理性的能力,这是现代理性主义和古典理性主义共同的追求,对于现代理性主义来说,这是在现代性的基础之上建立良好政制的必要前提;而对于古典理性主义来说,这是政治哲学家意识到现代性的局限,返回到古典政治哲学的必要前提。

六、美国政制的政治哲学意义

古典理性主义虽然和现代理性主义拥有共同的理性追求,但从另一个方面来看,这二者却有着天壤之别:前者追求的是古典自然正当,叩问的是"人应当如何生活"这一最高的政治哲学的主题;而后者则以现代自然权利理论为奠基,追求的最终目的是人的自我保存和人的欲望的满足。在现代自然权利理论的基础之下,自然正当的问题被搁置了,是非对错的标准一步步受到了削弱,这最终导致了相对主义的泛滥。如同施特劳斯所言,现代社会所泛滥的自由主义的相对主义,植根于这种"宽容的自然权利论传统之中,或者说植根于认为每个人都具有按照他对于幸福的理解而去追求幸福的自然权利的观念之中"。[①]

美国政制之所以具有政治哲学的意义,首先就在于它是第一个建立在自然权利基础之上,而不是建立在传统或启示之上的国家,这就使得美国政制具有政制类型学的意义。如同布鲁姆所言:"如

---

① 〔美〕列奥·施特劳斯:《自然权利与历史》,彭刚译,生活·读书·新知三联书店2003年版,第6页。

果正确地理解美国的起源,就会发现美国的起源比它们的要更加根本。施特劳斯对美国政制的研究开始于其自身最高的主张,他拆穿了那些过度生长的东西,准确地定位到激活美国现实的立国思想上。"① 在这段话中,布鲁姆所说的"它们"显然指的是那些走向历史主义和其他非理性主义、反理性主义的国家,例如德国。而之所以认为美国的起源比它们更根本,则是因为各色主义思潮均是从现代自然权利理论衍生出来的。因此,"拆穿了那些过度生长的东西,准确地定位到激活美国现实的立国思想上",这就意味着认清了现代自然权利理论所产生的种种变异,将现代和古代的反差明白无误地展示出来。②

从这样一个角度,我们就能够理解为何施派要如此严厉地批判共和修正学派了。在他们看来,这样一种"修正"通过提取古今思想家中的一些"放射性同位元素",然后编织成一条纽带,这种类型的思想史重组可以进行无限度的花样翻新。然而,这种翻新完全没有通过思想史研究来还原"自然的视野",其本身不可能是一种

---

① Alan Bloom: Introduction, in Allan David Bloom (ed.), *Confronting the Constitution, The Challenge to Locke, Montesquieu, Jefferson and the Federalists From Utilitarianism, Historicism, Marxism, Freudianism, Pragmatism, Existentialism*, Washington, DC: The AEI Press, 1990, p. 6.

② 通过这里的分析,我们也能更进一步地理解所谓的东岸施特劳斯学派和西岸施特劳斯学派之争。当布鲁姆等主流施派试图通过政治类型学将美国政制的起源建立在现代性的基础之上,以更为清晰地观照古今之争这一问题,雅法则恰巧要模糊这种区别。在雅法看来,"施特劳斯教导的关于现代和古典原则的分裂——不论是理性还是启示——都指的是政治哲学的历史,而不是政治的历史,也不是政制中包含或非包含现代或古代的原则。施特劳斯并不是一个历史主义决定论者。如果他自身相信前现代原则的优越性是可能的,那么为什么其他人就不可能呢?尤其是政治家和立法者?"在雅法看来,美国的国父们并不是哲人,他们不可能像施特劳斯一样看到现代和古代的决裂,在他们身上仍然保留着许多古代的政治德行,例如审慎。见 Harry Jaffa, *Storm Over the Constitution*, Lanham, MD: Lexington Books, 1999, p. xviii.

第六章 政治哲学视野下的美国政制

真正的对于真理和知识的追求。相反,这种编织使得人们模糊了现代自然权利理论所开启的历史性反叛,遮蔽了现代人处于洞穴这一事实,从而也就妨碍了人类走出洞穴,追寻真正知识的可能。

因此,施派的很多思考都继承了施特劳斯对于现代性所带来的智识危机担忧,他们的很多工作都以此为目标,试图通过各种努力来澄清现代人所处的洞穴,从而引导一部分有资质的人返回到对古典自然正当的追求。①当然,这样一种引导同时也是一种智识的考验,如果不能通过艰苦的智识性努力,就不可能摸索到通向洞口的路径,或者说,即使走出洞穴,也无法适应洞穴之外强烈的阳光。

如果说这种研究是从哲学的维度思考美国政制的意义的话,那么在政治上,美国政制也同样具有另类的意义。同样都是从现代性的自然权利出发,为什么有的政制走上了非理性和反理性的道路,对政治哲人产生了巨大的伤害,而美国却避免了此类暴政?古典政治哲学将绝对正义的政制和可能实现正义的政制区分开来,思考如何重返洞穴之后而建构一种洞穴中的可能的正义社会。那么对于现代自然权利理论所建构的洞穴,如何构建一种较为正义的社会?或许,这才是施派面临的最大挑战和难题。毕竟,走出洞穴是一回事,再次返回洞穴,在光与影交错的洞穴中作出正确的政治判断,那又是另一回事。②

---

① 施特劳斯的这一主题贯穿了他的许多著作,参见 Leo Strauss, *Liberalism Ancient and Modern*, Ithaca: Cornell University Press, 1989, pp. 3—25。
② 对哲学与政治这一关系的最新思考,参加 Paul W. Kahn, *Political Theology: Four New Chapters on the Concept of Sovereignty*, Columbia University Press, 2011。卡恩认为,政治哲学家能够超然和更为深刻地理解政治,但对于政治判断本身却没有任何优势。

后　记

本书缘起于我在北京大学读博士期间的博士论文。在北京大学读博士期间，自己的兴趣开始从一般法学理论更多地转向了宪法与政治理论，特别是美国宪法与政治哲学。对于当时的我来说，法学理论的各个流派，从法律实证主义到法律经济学，从法律现实主义到批判法学，其理论的优势与弱点似乎已经比较明显。但对于美国宪法与政治哲学，其纷繁复杂的理论争论则让我感到既着迷又困惑。在如此复杂的美国宪法理论争论中，其争论的核心问题是什么？如何找到一条思考美国宪法的主线？

带着这么"宏大"的疑问，我开始把美国宪法与政治理论作为自己博士论文的大致方向。而在此期间，经过文献阅读与反复斟酌，我把自己的博士论文选题定位在了自然法与美国立宪问题上。在我看来，美国立宪可谓是古今之变的一个"节点"：它标志着对古典自然法的告别，标志着一部建立在现代自然权利基础之上的宪法的诞生。在一定意义上,美国立宪者的宪法观支配了其后几百年的宪法想象。

2011年,我进入耶鲁大学法学院学习,更为近距离地感受了当代美国宪法学界对于宪法理论与政治理论的思考。在对美国宪法的进一步思考中,自己则更深刻地感受到了贯穿当代美国宪法理论中的一对紧张关系:民主与科学,或者说德先生与赛先生。很多宪法争论都在或多或少地涉及这样一个根本问题:应当将美国宪法视为人民民主意志的表达,还是科学理性精神的体现?

本书在一定意义上结合了这两段时间的思考。从德先生与赛先生这一对框架出发,我希望借用美国宪法学界已有的研究来理解美国宪法。而另一方面,通过从现代返回古代,我希望我的分析也能跳出美国宪法学者的视野,以古今之变的视野来思考美国宪法。

这一思考框架是否能够为重新思考美国宪法提供某些有益的借鉴,是否能够在某些方面超越中国学界的美国宪法研究——包括美国宪法学者的研究?答案可能需要读者自己去判断。作为一个美国宪法的外来观察者,我希望本书至少能够在思想上提供某些较为深刻的洞察,能够提供一种思考美国宪法的不同视角。

本书的部分章节曾经在若干期刊上发表,收入本书的时候对题目和内容都做了不少修订。其中第一章曾经以《自然法抑或实证法?——理性与意志视野下的美国宪法》为题发表于《法制与社会发展》2012年第1期;第四章曾经以《法律能规制紧急状态吗?——美国行政权扩张与自由主义法学的病理》为题发表于《华东政法大学学报》2014 年第 3 期;第五章曾经以《宗教视野下的美国宪法解释——评巴尔金的〈活原旨主义〉》为题发表于《政法论坛》2015 年第 5 期;第六章曾经以《美国政制的政治哲学意义——从施特劳斯学派和当代共和主义学派的争论切入》为题发表于《中外法学》2012 年第 2 期。感谢这些期刊对于学术的支持。

本书的写作经历了一段不短的时光,贯穿了在北京大学法学院、耶鲁大学法学院求学和在中国人民大学法学院研究工作的时光,在这段时光中,没有很多老师、朋友和家人在学术与生活上的支持与关照,就不可能有本书的问世。借此书出版之际,我想首先感谢各位老师们。感谢中国人民大学法学院的韩大元老师、林嘉老师、朱景文老师、胡锦光老师、杨建顺老师、莫于川老师、李元起老师、张志铭老师、王轶老师;北京大学法学院的周旺生老师、朱苏力老师、强世功老师、张骐老师;清华大学法学院的冯象老师、林来梵老师、许章润老师;中国政法大学的刘星老师、王人博老师;耶鲁大学法学院的 Paul Kahn 教授、Robert Post 教授、Jack Balkin 教授、Bruce Ackerman 教授、Paul Gewirtz 教授;耶鲁大学政治学系的 Bryan Garsten 教授;哈佛大学法学院的 Samuel Moyn 教授。

另外,也谢谢这一段学术时光中相伴的家人和朋友们:感谢我的妻子吴凯敏女士对我学术事业一直以来默默的支持;感谢我的父母和岳父岳母不远千里来北京帮我们照顾家务;感谢在中山大学和北京大学求学期间认识的凌斌、刘忠、沈明、汪庆华、章永乐、李晟、尤陈俊、李斯特、陈颀、于明、吕翔、徐斌、岳林等;在耶鲁大学法学院求学期间的饭友和学友王志强、张泰苏、田雷、乔仕彤、刘晗、阎天、左亦鲁、黄陀等；以及在中国人民大学法学院期间关照我的张翔、王贵松、喻文光、王旭等老师。

最后，感谢北京大学出版社的白丽丽编辑，正是她对学术本身的无私认同和辛勤付出，使得本书的面世如此顺利。

丁晓东

2016 年 5 月 1 日